세상을
바꾸는
미디어의
힘!

주 자음과모음

책머리에

미디어는 우리의 삶과 감각을 변화시킨다

여러분은 하루에 텔레비전을 얼마나 보나요? 혹시 휴대 전화에 중독되어 있지는 않나요? 이런 미디어 기기에 너무 몰입해서 부모님한테 꾸중 들은 적은 있겠죠?

요즘 길을 가다 보면 이어폰을 귀에 꼽고 MP3를 듣는 사람들을 흔히 볼 수 있습니다. 언제부터 이렇게 우리는 과학 문명의 혜택을 누리게 되었을까요?

캐나다 출신의 문화 비평가 마셜 매클루언(Herbert Marshall McLuhan)은 30년 전에 이런 미래를 예견했답니다. 매클루언은 미디어가 어떻게 생겨났으며, 우리 생활과 감각을 얼마나 바꾸었는지를 설명해 줍니다.

인류 초기에 고대인은 동굴 속에서 몸짓, 발짓으로 이야기를 나누었습니다. 그러다가 문자가 발명되고 인쇄술이 발달하면서 책이 보급되고 획기적인 변화가 일어납니다. 혼자 책을 읽는 것이 보편화되면서 개인주의가 생겨났습니다. 그 후 전기, 전자 기술이 끊임없이 발달하면서 사람들은 책보다 텔레비전, 라디오, 컴퓨터, 휴대전화로 정보를 주고받는 세상이 되었습니다.

매클루언은 과학 기술의 잠재력을 간파하고 현대의 전자 기술이 세계를 하나의 '지구촌'으로 연결해 줄 것이라고 예언했습니다.

옛날에는 말과 편지로 의사소통을 했다면 현대 사회는 휴대전화나 이메일로 정보를 교환합니다. 문자 중심의 인쇄 시대에서 벗어나 인터넷 시대에는 하이퍼텍스트로 글을 읽고 씁니다. 더 이상 책이 없어도 되는 세상이 되었습니다.

매클루언의 미디어 비평은 미디어를 지나치게 낙관적으로 본다고 비판받기도 했습니다. 과학 기술이 인간의 운명을 결정한다고 주장해 논란을 일으키기도 했지요. 특히 텔레비전을 매우 우수한 미디어로 평가하고, 눈으로 보지 말고 온몸으로 느끼고 받아들여야 한다고 말했습니다. 충격적인 발언이지요. 텔레비전은 상상력과 사고력의 발달을 저해한다고 알려져 있는데, 매클루언은 왜 텔레비전을 훌륭한 미디어라고 평가했을까요?

  자, 그럼 이제 이 책을 읽으면서 그 이유를 자세히 알아볼까요?

강용수

책머리에 미디어는 우리의 삶과 감각을 변화시킨다 … 5
프롤로그 엄마에게 거짓말하다 … 17

1 미디어는 우리 생활을 어떻게 변화시켰나?

전하지 못한 마음 … 23
우리의 생활을 지배하는 미디어 … 32
내가 휴대전화 중독? … 40

철학자의 생각 … 46
즐거운 독서 퀴즈 … 49

② 미디어는 몸의 확장이다

새로운 미디어는 우리 몸에서 나온다 … 55
아빠와 매클루언 퀴즈 시간! … 65
미디어는 끊임없이 발전한다 … 73

철학자의 생각 … 80
즐거운 독서 퀴즈 … 82

③ 미디어는 메시지다

마음을 전하고 싶어 … 87

미디어는 메시지다 … 96

텔레비전이 훌륭한 미디어라고? … 109

철학자의 생각 … 117

즐거운 독서 퀴즈 … 120

4 뜨거운 미디어와 차가운 미디어

미디어는 마사지다 … 125
뜨거운 미디어와 차가운 미디어 … 131
미디어는 뜨겁게, 사람은 차갑게 … 140
메시지에 마음을 담다 … 147

철학자의 생각 … 151
즐거운 독서 퀴즈 … 154

<네 생각은 어때?> 문제 풀이 … 157

등장인물

우현이

휴대전화 중독에 빠진 우현이. 여자 친구인 은영이 생일 날 고민 끝에 무선 헤드폰을 선물한다. 한데 이런 낭패가? 마음이 담겨 있지 않은 선물은 싫다나? 은영이를 이해할 수 없다. 우현이는 아빠에게 이런 고민을 털어놓는데…. 방송국 PD인 아빠는 휴대전화와 인터넷, TV 같은 미디어 도구들이 우리 삶과 사고방식을 크게 변화시켰다는 이야기를 들려준다. 미디어 이야기를 들은 우현이는 마음이 담겨 있지 않은 미디어는 사람들을 더 멀어지게 할 수 있다는 깨달음을 얻는다. 반성한 우현이는 은영이에게 손편지를 쓰는데…. 은영이는 우현이의 마음을 받아줄까?

은영이

우현이의 여자 친구인 은영이는 마음이 예쁜 친구. 남자 친구가 생일 선물로 덜렁 무선 헤드폰만 건네자 섭섭한 마음을 감추지 못한다. 마음을 담은 편지가 받고 싶었던 것. 이후 우현이에게 계속 문자 메시지를 받지만 답장을 하지 않고 마음을 보여주기를 기다린다. 그러다가 우현이 아빠의 부탁을 받고 우현이 집에 가서 우현이가 써 놓은 손 편지를 읽게 되는데…. 은영이는 토라진 마음을 풀 수 있을까?

우현이 아빠

방송국 PD인 우현이 아빠. 휴대전화 중독인 우현이에게 미디어와 미디어 도구에 대한 이야기를 들려준다. 인터넷, 텔레비전, 휴대전화 등 미디어 도구가 우리 삶을 어떻게 바꾸어 놓았는지, 우리의 생각과 행동을 어떻게 변화시키는지, 미래에는 어떤 미디어가 등장할지 등. 미디어를 활용하는 데서 더 나아가 미디어로 소통하는 마음의 중요성을 우현이에게 강조한 우현이 아빠, 미디어처럼 우현이와 은영이의 마음을 잇는 매개체가 되어 준다.

우리 삶을 근본적으로 변화시키는 미디어
매클루언

캐나다 출생의 미디어 이론가이자 문화 비평가. 대학에서 영문학을 가르치는 교수였지만 미디어와 커뮤니케이션 비평으로 더 유명한 이론가가 되었다. 『미디어의 이해』라는 책에서 정보 과학 기술이 인간 사회에 미치는 영향을 제시하여 미디어 분야의 선구자로 평가된다. 그는 미디어란 무엇이며, 미디어가 인간 사회에 어떠한 영향을 미치는지를 탁월하게 설명했다. 그의 이론은 '미디어는 메시지다.', '미디어는 몸의 확장이다.'라는 말로 요약된다. '미디어는 메시지다.'는 미디어에서 흘러나오는 '내용'이 아니라 미디어 '형식' 그 자체가 '메시지'라는 의미이다. '내용'보다 미디어라는 '형식'이 인간의 인식과 감각을 획기적으로 변화시켰다는 뜻을 품고 있다. '미디어는 몸의 확장이다.'는 미디어가 눈, 귀, 근육, 신경조직 등의 인간 감각을 확장하는 매체라는 주장이다. 놀라운 점은 매클루언이 인터넷이 발명되기 30년 전에 월드와이드웹을 예언하면서 전자 미디어의 발달과 인간 삶의 변화를 정확하게 설명해 낸 것이다. '지구촌(global village)'이라는 유명한 말도 매클루언이 처음으로 사용했다.

프롤로그

엄마에게 거짓말하다

"엄마, 오늘 해완이 생일이라서 선물 사야 하는데……."

왜 이렇게 목소리가 작아지는 걸까요? 괜히 팔다리가 찌릿찌릿한 것 같아요. 하긴, 이런저런 핑계를 댄다 해도 지금 거짓말을 하고 있으니 당연한 일이겠지요. 사실 오늘은 해완이 생일이 아니거든요. 그냥 사실대로 말할 수도 있는데 나는 왜 거짓말을 하고 있는 걸까요?

"오오, 그래? 해완이가 너보다 생일이 빠르구나. 당연히 축하해 줘야지. 오늘이 우리 아들 용돈 받는 날인데, 고 녀석이 용케도 알고 딱 맞춰 태어났네, 하하하."

"엄마, 죄송해요. 오늘은 집안일을 꼭 도와드리려고 했는데……."

"괜찮아, 엄마가 우리 아들 예쁜 마음만 고이 받을게. 아빠 들어오시면 같이 하지 뭐. 재미있게 놀다 와."

"네, 엄마……."

오늘은 엄마에게 점수를 좀 따 보려고 아침부터 호들갑을 떨었어요. 일주일 내내 일하시다가 모처럼 쉬는 날이라 집안 대청소를 하자고 하셨거든요. 아침 일찍 일어나서 열심히 도와드릴 거라고 호언장담을 했는데 일이 꼬여 버리고 말았어요. 모처럼 착한 마음을 먹었는데……. 이런 걸 머피의 법칙이라고 하나요?

오늘도 깜빡 잊고 깜빡 두고 다니는 깜빡깜빡증이 문제였어요. 아침까지 깜빡 잊고 있던 여자 친구 은영이의 생일이 청소 도구를 꺼내면서 생각났어요. 번뜩 생각이 떠오른 후부터는 엄마한테 죄송한 마음보다 은영이 생일을 그냥 지나쳤으면 어쩔 뻔했나 싶은 마음에 가슴이 콩닥콩닥했어요.

"자, 이번 달 용돈. 그리고 이건 우리 우현이가 엄마 생각해 준 것이 고마워서 보너스로 주는 거야. 해완이에게 엄마가 생일 축하한다고 꼭 전해 주렴."

우아, 이게 웬 횡재? 나는 생각지도 않았던 용돈을 덤으로 받게 되어 신이 났어요. 그새 대청소를 도와드리지 못하는 것, 해완이 생일이라고 거짓말을 한 것은 싹 잊어버리고 말았지요. 어쨌든 이번 생일에는 우리 예쁜 은영이가 갖고 싶어 했던 무선 헤드폰을 사 줄 수 있게 되었어요. 돈이 조금 모자라서 다른 선물을 해야 하나 하고 고민했었는데 말이에요.

"우아, 엄마 정말 정말 고마워요. 사랑해요 엄마! 우리 엄마 최고!"

나는 설명하지 않는다. 탐구할 뿐이다.
— 마셜 매클루언

휴대전화 중독인 우현이.
여자 친구 은영이 생일 날 무선 헤드폰을 선물로 준다.
용돈을 준 엄마에겐 비밀!
그런데 앗! 은영이 표정이 떨떠름하다.
이런 기계에는 마음이 담겨 있지 않다나?
여자의 마음은 왜 이리 복잡한 거야?

전하지 못한 마음

 왠지 마음 한구석이 불편해요. 왜 그럴까요? 거짓말을 해서 그런가? 아니면 내가 또 깜빡 잊어버린 것이 있나? 아마 여자 친구의 생일을 잊고 있다가 뒤늦게 생각난 것이 마음에 걸려 그렇겠지요? 잘한 일은 아니지만 은영이에게는 티 하나 내지 않고 완벽하게 거짓말을 해 두었어요. 내가 깜짝 놀랄 만한 걸 준비했으니 조금만 기다리라고요. 내가 생각해도 참으로 완벽한 목소리 연기였어요. 그런데 이러다가 피노키오처럼 코가 길어지면 어떡하지요?
 나는 신경 쓰지 않으려고 했지만 괜히 뭔가 찜찜하다는 생각을 하면서 버스 정류장까지 갔어요. 때마침 모퉁이를 돌아오고 있는 버스가 보였어요. 버스에 얼른 올라탄 후 은영이에게 문자 메시지를 보내야겠다고 생각했어요.

> 앗! 큰일 났다.
> 네가 너무 보고 싶어.
> ㅎㅎㅎ
> 나 지금 출발해.
>
> ○/○△ : 49pm
> 멋진 우현이
> 123-4567-8910

이렇게 보내야지!

그런데…… 아뿔싸! 가방 안을 샅샅이 뒤지고 외투 주머니를 툴툴 털어 봐도 휴대전화가 없는 거예요. 집에 두고 나왔나 봐요. 그냥 갈까? 아니면 다시 집에 갔다 올까? 한참을 망설였어요.

음…… 아까의 그 찜찜함도 휴대전화 때문이었나 봐요.

나는 결국 집으로 다시 돌아가서 휴대전화를 가지고 나왔어요. 시간과 장소를 정확하게 정해 약속을 해도 도중에

약속 시간이나 장소가 바뀌지 않을까 내심 불안하거든요. 편리함을 위해 가지고 있는 휴대전화가 도리어 마음을 불편하게 만들 때가 종종 있어요.

책에서 흔히 나오듯이, 과학 기술의 발달로 전기, 컴퓨터, 인터넷, 휴대전화에 이르기까지 수많은 발명품이 탄생했어요. 이 발명품들 덕분에 우리는 엄청난 양의 정보를 얻게 되었고, 편리한 생활을 누릴 수 있게 됐지요.

뭐니 뭐니 해도 가장 멋진 발명품은 당연히 휴대전화예요. 조그마한 기계일 뿐인데 우리의 마음을 편안하게도 하고 불안하게도 하는 놀라운 힘이 있으니까요. 휴대전화로 전화를 하고 음악을 듣고 텔레비전까지 볼 수 있으니, 휴대전화가 없었다면 우리 생활이 어떠했을지 이제는 상상조차 할 수가 없어요.

나는 나의 분신인 휴대전화를 손에 꼭 쥐고 전자 상가로 향했어요. 은영이가 갖고 싶어 하는 무선 헤드폰을 사려고요. 요즘에는 무선 전화기, 무선 청소기, 무선 마이크 등 전기선이 없는 제품들이 많지만 무선 헤드폰은 본 적이 없었어요. 가끔 헤드폰을 끼고 음악을 듣다 보면 선이 꼬여서 불편했는데 무선 헤드폰을 끼면 편리하고 멋있을 것 같아요.

나는 엄마한테 보너스까지 받은 김에 성능이 좋고 가벼운 것으로 골랐어요. 은영이가 얼마나 기뻐할지 생각만 해도 기분이 좋아요. 은영이와 함께 빨리 포장을 뜯어보고 싶은 생각에 얼른 약속 장소로 발길을 돌렸어요.

"어, 일찍 왔네."

"응, 휴대전화를 두고 나오는 바람에 뛰어다녔더니 오히려 시간이 남았어. 근데, 뭘 그렇게 열심히 해?"

"음악 게임인데, 나오는 음악의 박자에 맞춰 버튼을 누르면 돼. 참, 저번에 보여 줬었잖아. 네가 1절 마치기도 전에 게임이 끝난다고 하도 놀려서 열심히 연습했지. 이제는 제법 어려운 노래도 끝까지 간다니까."

"그럼 이따 대결 한판 할까? 얼마나 잘하는지 보자고. 우선 여기 선물부터 풀어 봐."

나는 은영이 앞으로 선물 상자를 내밀었어요. 아, 이럴 때 꽃이라도 한 송이 준비할 걸 그랬네요. 어찌 됐든 은영이는 매우 기뻐하는 눈치였어요. 이게 뭘까 궁금하다는 얼굴로 상자를 이리저리 살펴보더니 포장지를 뜯기 시작했어요. 3초, 2초…… 1초! 드디어 무선 헤드폰이 모습을 드러냈어요.

"와! 이거 무선 헤드폰이잖아? 나 이거 엄청 갖고 싶었는데…… 고마워."

그럼, 그럼, 당연히 고마워야지. 뭐, 예상했던 대답이에요. 은영이의 눈에 그렁그렁 눈물이 맺히는 것 같기도 했어요. 그렇게 감동할 것까진 없는데…… 괜히 뿌듯해졌어요.

"뭘, 이런 걸 가지고. 더 좋은 선물 못 해 줘서 미안해. 생일 축하하고. 우리 엄마도 생일 축하한다고 전해 달라셨어."

이제는 거짓말을 해도 뭐, 별로 떨리지도 않아요. 엄마가 축하해 준 사람은 해완이인데 은영이에게 말을 전하고 말았어요.

"너희 엄마가? 너 나랑 사귄다고 말씀드렸어? 나는 아직 말씀 못 드렸는데…… 미안해. 괜히 공부 안 한다고 걱정하실까 봐. 너희 엄마한테는 감사하다고 꼭 전해 드려."

이것 참! 엄마의 축하 인사는 뺐어야 하는 건데…….

"근데, 우현아! 카드는 어디 있어?"

"무슨 카드?"

"생일 카드 말이야. 생일 선물의 핵심은 카드잖아. 밤새 고민하면서 쓴 편지 같은 거 없어?"

"야, 촌스럽게…… 만나서 생일 축하해 주면 됐지, 무슨 카드를 써. 요즘 손으로 카드 쓰는 사람이 어딨냐?"

"……."

"왜 이 행복한 날 삐치고 그래. 정 그러면 내가 영상 메일 보내 줄까? 아니면 홈피 방명록에 글도 남겨 놓을게."

내가 무엇을 잘못했는지 잘 모르겠어요. 매일 문자 메시지를 주고받고 전화 통화를 하는데 굳이 카드까지 쓸 필요가 있을까요? 별것도 아닌 일인데 은영이는 얼굴을 붉혔어요. 정말 화가 많이 난 것 같아요. 조금 전의 밝은 표정은 온데간데없어요.

"됐어! 너는 같은 언어라도 말로 듣는 것, 문자 메시지로 보는 것, 편지나 카드로 읽는 것이 다 다르다는 걸 모르는구나. 이런 선물은 가게에 가서 돈 주고 사면 그만이잖아. 난 이런 선물 필요 없어. 마음을 받고 싶은 거지 물건을 받고 싶은 게 아니야."

"어차피 편지나 카드를 받아 봐야 한두 번 읽고 버리거나 서랍 구석에 넣어 둘 텐데 뭘…… 생일인데 별거 아닌 일로 화내지 말고 나랑 음악 게임 내기 할까?"

"됐어! 오늘 가족들이랑 저녁 식사 같이 하기로 해서 금방 가야 해. 대신 부탁 하나만 들어줘."

화가 잔뜩 난 것 같았는데 뜬금없이 부탁이라니요? 설마 더 이상 만나지 말자는 부탁은 아니겠지요? 나는 은영이가 정말 좋은데…… 그런 부탁이라면 절대 들어줄 수 없어요.

"응, 무…… 슨 부탁인데……?"

"이 선물 다음에 만날 때 다시 줘."

"어…… 어? 왜……?"

"그냥 주지 말고, 너의 마음을 담아서 줘. 네가 준 이 선물이 참 고맙고 좋기는 하지만 따뜻하지가 않아. 나는 이렇게 차가운 선물 말고 마음이 담긴 따뜻한 선물을 받고 싶어. 특히 너에게는……."

"응, 알았어."

대답을 하기는 했지만 나는 정말이지 이해가 되지 않았어요. 누구보다도 기계 마니아인 은영이가 이렇게까지 편지나 카드에 신경 쓰는 이유가 도대체 무엇일까요? 은영이는 휴대전화, MP3, 게임기 같은 것을 엄청 좋아하고, 책도 e-book으로 보는 것이 더 편하다고 했어요.

언젠가 은영이가 에디슨에 대해 재미있는 이야기를 들려준 적이 있어요.

"너 발명가 에디슨 알지? 난 에디슨이 전구만 발명한 줄 알았는데 사람의 목소리를 녹음하는 기술을 처음으로 발명했다지 뭐야. 세계 최초로 사람 목소리를 녹음해서 들려주는 행사에 사람들이 너무 많이 모여들어서 하마터면 계단이 무너질 뻔했대."

"지금은 녹음기보다 신기한 게 훨씬 더 많잖아. 아마 그 사람들에게 우리가 사용하는 물건들을 보여 준다면 너무 신기해서 기절할지도 몰라."

"난 내가 옛날에 태어나지 않아서 다행이라 생각해. 불편하고 답답해서 어떻게 살았을까? 기계가 이렇게 신기하고 재미있고 즐겁고 편리한데……."

은영이는 새로 나온 게임기를 사고 싶다거나 어느 회사의 휴대전화는 어떤 점이 좋다는 등의 이야기를 했어요. 가끔씩은 은영이가 나보다 게임기나 휴대전화를 더 좋아하는 것 같아 샘이 날 정도로요. 그런데 갑작스럽게 카드나 편지를 안 준다고 화를 내니 그 속을 어떻게 알겠어요? 은영이에게는 이메일이나 문자 메시지가 더 편할 텐데 말이에요. 그리고 꼭 편지나 카드를 써야만 마음이 전해지는 걸까요? 내가 어떻게 해서 마련한 선물인데…….

우리의 생활을 지배하는 미디어

 내 손에는 은영이에게 주려 했던 선물 가방이 들려 있어요. 손가락 하나에 대롱대롱 매달려 있는 종이 가방이 참 거추장스럽게 느껴져요. 돌아오는 발걸음이 왜 이렇게 무거운지 모르겠어요. 나는 집으로 돌아오는 내내 괜히 애꿎은 가방만 툭툭 치면서 걸었어요. 종이 가방을 엄마한테 들키지 않으려고 조용히 문을 열고 집 안으로 들어갔지요.
 "어, 우현이 왔구나. 엄마가 물품 정리하느라고 거실에 불 켜 놓는 것도 깜빡했네. 재미있게 놀았니?"
 "네? 네…… 엄마."
 순간 종이 가방을 어떻게 해야 하나 싶어 내 머릿속은 매우 분주해졌어요. 엄마한테 이렇게 딱 걸릴 줄은 몰랐기 때문에 적지 않게 당황했거든요. 종이 가방에 대해 둘러댈 말이 떠오르지 않아 그냥 손에 들고 아무렇지 않은 듯 엄마를 바라보며 말했어요. 가슴은 계속 두근두근 뛰고 있는데 말이에요.

"아빠는 아직 퇴근 안 하셨어요?"

"그러게, 같이 대청소하면서 운동을 좀 시켜 드리려고 했더니만 하필 오늘 야근을 하신대. 그래서 엄마 혼자 대충 치웠어."

정말 이래저래 마음이 불편한 날이에요. 아침부터 거짓말에, 생일 선물은 주지도 못하고, 엄마 혼자 청소하시게 하고······.

"그런데 손에 든 가방은 뭐니? 오늘 용돈 받았다고 뭘 샀나 보구나?"

아유, 나도 참 바보 같아요. 그렇게 둘러대면 되는 건데 지금까지 엄청 긴장하고 있었거든요. 엄마는 오늘 나를 두 번 살리셨어요. 나는 웃으며 말했어요.

"네, 엄마. 무선 헤드폰이에요. 선이 없어서 음악을 들을 때 엄청 편하대요. 전부터 갖고 싶었던 거라 오늘 샀어요."

어쭈? 오늘 나 자신에게 여러 번 놀라고 있어요. 어떻게 눈 하나 깜짝하지 않고 거짓말을 할 수 있는지 말이에요. 나중에 배우를 해 볼까, 심각하게 고려해 봐야겠어요. 이 내추럴한 연기력!

"그렇겠구나. 요즘은 정말 신기하고 편리한 게 참 많지. 엄마는 휴대전화가 처음 나왔을 때가 가장 신기했던 거 같다. 아빠가 어느 날 선물이라고 주셨는데 너무 신기해서 한 시간이 넘도록 쳐다보고 있었단다. 그러고 보면 미디어는 참 빠르게 발전하는 것 같구나."

"미디어요?"

"응, 미디어라는 말 들어 본 적 있지?"

"네, 사회 시간에 텔레비전이나 라디오, 신문 같은 대중 매체를 가리켜 미디어라 부른다고 배웠어요."

"우리 우현이가 사회 공부를 열심히 했구나. 물론 그것도 맞는 말이지만 꼭 그렇지만은 않단다. 흔히 미디어(media, 어떤 작용을 한쪽에서 다른 쪽으로 전달하는 역할을 하는 것)는 대중에게 많은 정보와 사상을 전달하는 매체로 알려져 있지. 주로 신문 방송이나 언론에서 사용하는 말이란다. 신문, 텔레비전, 라디오, 영화 등을 예로 들 수 있어. 하지만 엄마는 매클루언의 미디어 이론이 아주 마음에 든단다."

"매클루언이 누군데요?"

"매클루언은 미디어 이론가이자 문화 비평가로 유명한 사람이야. 매클루언은 특히 미디어라는 용어를 광범위하게 사용했는데, 인간이 인위적으로 만들어 낸 모든 것을 미디어라고 불렀단다."

미디어 하면 텔레비전이나 라디오, 신문 정도밖에 생각나지 않는데 인위적으로 만들어 낸 모든 것이 미디어라니 언뜻 이해가 되지 않았어요.

"그럼 원래의 자연에는 없었던 것을 찾으면 되겠네요?"

"그렇지. 예를 들어 나무가 산에 있으면 자연이지만 나무를 가공해 종이를 만들고 가구를 만들었다면, 그 종이와 가구는 미디어가 되는 거지. 매클루언에 따르면 미디어는 텔레비전이나 라디오뿐만 아니라 옷, 집, 자동차, 무기, 숫자나 돈까지 모두를 포함한단다. 심지어는 철학이나 과학 사상, 질병 치료법, 시와 회화 등도 미디어라 정의했어."

"그럼 이 세상에 미디어가 아닌 것이 없겠네요?"

"그런 셈이지. 매클루언은 과학 기술이 발전하면 할수록 미디어도 발달하고, 미디어가 발달하면 그 영향으로 인간의

생활도 변한다고 했어. 자, 그러면 엄마도 미디어를 이용해서 저녁 식탁을 차려 볼까? 조금만 기다려."

곰곰이 생각해 보니 우리의 식탁은 항상 가스레인지, 전자레인지, 오븐 같은 미디어를 통해 차려졌네요. 그릇도 미디어고, 숟가락, 젓가락도 미디어니까 우리 주변에서 미디어가 아닌 것을 찾는 게 더 어려울 것 같아요.

아, 오늘 저녁 밥상에는 내가 좋아하는 생선 구이가 올랐어요.

"맛있겠다. 잠깐 사이에 생선을 구우셨네요."

"옛날에는 생선이 흔하지 않았지. 생선을 구우면 연기 때문에 눈만 맵고 생선 겉면은 다 타 버리기 일쑤였단다. 하지만 요즘에는 냉장고에 생선을 보관해 두었다가 오븐에서 금방 구워 낼 수 있게 되었어."

"맞아요, 옛날에는 교통이 발달하지 않아서 산간 지역에서는 생선 구경하기가 어려웠대요. 또 냉장고가 없으니까 석빙고를 만들어서 사용했고요. 석빙고는 돌로 만든 창고 같은 거라서 겨울에 얼음을 넣어 두었다가 여름에 꺼내 쓸 수 있었대요."

"지금은 집집마다 냉장고가 있지만 옛날에는 석빙고가 집집마다 있진 않았단다. 주로 왕실에서 만들어 쓰거나 높은 벼슬에 오른 양반들만 가지고 있었지. 그나마 석빙고를

네 생각은 어때?

매클루언이 말하는 미디어는 무엇인가요? 그리고 미디어에는 어떤 것이 있을까요? 그리고 여러분이 가장 많이 활용하는 미디어는 어떤 것인지 적어 보세요.

▶풀이는 157쪽에

지을 수 없었던 관리들은 나라에서 나누어 주는 얼음만으로도 기뻐했고, 나라에서는 얼음을 나누어 주는 일을 중요한 국가 행사로 여기기까지 했다는구나."

"에이, 아무리 냉장고가 없었다고 해도 그렇지, 얼음을 나누어 주는 일을 중요한 국가 행사로 여긴다는 건 이상해요."

"하하하, 지금이야 누구나 냉장고가 있으니까 언제든지 원하는 음식을 먹을 수 있는 거지. 옛날에는 얼음을 넣은 시원한 아이스티 같은 것은 상상조차 할 수 없었단다. 우리 생활이 이렇게 편리해진 것은 미디어가 크게 발달한 덕분이야."

오늘따라 매일 보던 우리 집 부엌이 새롭게 느껴졌어요. 늘 사용해 오던 많은 것들이 미디어라는 사실을 알게 되었으니까요. 더구나 그 미디어가 조금씩 조금씩 변해 가고 있다니…… 미래에는 과연 어떤 미디어를 사용하게 될까요?

내가 휴대전화 중독?

저녁을 먹고 나서 설거지를 했어요. 오늘 하루 동안 지은 죄를 설거지로나마 만회하기 위해서였지요. 그래서 다른 때보다 더욱 열심히 문지르고 헹궜어요. 나의 잘못도 비누 거품과 함께 씻겨 내려가기를 바라면서 말이에요.

"엄마, 저 이제 들어가서 공부할게요. 인터넷으로 미디어에 대해서도 찾아봐야겠어요."

"그래, 그럼 얼른 찾아보고 일찍 자. 엄마는 책 좀 더 읽다가 자야겠다."

"안녕히 주무세요."

"그래, 너도 잘 자렴."

아직 8시밖에 안 됐는데 엄마의 얼굴은 많이 지쳐 보였어요. 나도 꽤 피곤하긴 했지만 궁금한 건 영 못 참거든요. 컴퓨터의 전원 버튼을 누르고 의자 등받이에 기대어 앉았어요. 매클루언, 미디어, 이런 단어들을 떠올리다 보니 문득 은영이 생각이 났어요. 기왕 미디어가 우리 생활을 편리하게 해 줄 거라면 거짓말을 대신 해 주는 미디어, 여자 친구를 달래 주는 미디어 같은 것도 있으면 얼마나 좋을까요?

아, 참! 은영이…… 그렇게 헤어져 돌아와서는 문자 메시지도 하나 보내지 못했어요. 집에 들어오자마자 엄마와 얘기를 나누다 보니 그렇게 되었죠.

오늘 일을 계기로 다음부턴 다시는, 절대로 거짓말을 하지 않겠다고 다짐했어요. 가끔 착한 거짓말 한 가지쯤이면 몰라도요.

은영이에게 문자 메시지를 보냈어요. 답장 메시지를 기다리는 동안 나는 인터넷 인기 검색어를 찾아보았어요. 그러나 모니터 화면보다는 자꾸 휴대전화 쪽을 쳐다보게 되네요. '휴대전화 중독 자가 진단 테스트'라는 검색어가 화면에 떴어요.

"이거나 한번 해 볼까?"

휴대전화 중독 자가 진단 테스트

1. 휴대전화를 갖고 있지 않으면 불안하다.
2. 집 전화보다 휴대전화를 더 많이 사용한다.
3. 휴대전화 요금이 많이 나와서 사용을 자제한 경험이 있다.
4. 수업 시간에도 휴대전화를 끄지 못한다.
5. 배터리가 없다는 표시를 보면 불안하다.
6. 수업 중인데도 답장을 보낸다.
7. 외우는 전화번호가 거의 없다.
8. 심심하면 전화 걸고 싶어진다.
9. 문자 메시지나 전화가 왔었는지 수시로 확인한다.
10. 휴대전화 화면이나 통화 연결음에 신경을 많이 쓴다.

▶ 1개 - 중독되지 않았습니다.
▶ 2개~3개 - 조금씩 중독 증상이 나타나기 시작하는군요.
▶ 4개 - 휴대전화 중독입니다.
▶ 5개 이상 - 중독 말기 증상입니다. 자제력이 필요합니다.

   나는 테스트 항목을 읽고 해당되는 항목에 체크하고 세어 보았어요. 무려 일곱 개나 해당되었어요. 휴대전화가 없을 때 매우 불안하고, 휴대전화 벨이 울린 것으로 착각하는

환청 현상을 느낄 때도 있었어요. 심각한 휴대전화 중독인 것 같았어요. 휴대전화는 하나의 미디어일 뿐인데 이 작은 기계에 너무 의지하는 것 같아요. 친구가 없는 것도 아닌데 말이에요.

어쩌면 은영이는 이런 나의 모습을 알고 일부러 생일 카드를 써 달라고 했는지도 몰라요. 은영이가 생일 카드를 달라고 하지 않았다면 아마 나는 문자 메시지나 SNS로 생일을 축하해 줬을 거예요. 예전에는 편지나 카드를 손으로 직접 써서 보냈지만 요즘은 휴대전화나 컴퓨터를 이용하는 편이 훨씬 더 익숙하거든요.

이렇듯 오늘날 여러 매체들은 우리의 삶을 변화시켰어요. 우리 생활이 점점 편리해졌다는 뜻이지요. 하지만 미디어가 발달해서 좋지 않은 점도 있어요. 미디어가 발달하지 않았다면 지금보다 훨씬 깨끗한 자연 환경 속에서 가족들과 많은 대화를 나누며 살 거예요. 미디어가 발달하지 않았다면 또 어떤 일이 일어날까요? 나에게 최고로 좋은 점은 종이가 없었을 거라는 점이겠죠. 종이가 없었다면 책도 없었을 것이고, 책이 없었다면 학교도 없었을 것이고, 학교가 없었다면 시험도 없었을 테니까요. 또 오늘처럼 은영이와 다

투는 일도 없었을 거예요.

  아직도 은영이한테 답장이 오지 않네요. 정말로 화가 많이 났나 봐요. 일단은 생일 축하 카드를 어떻게 써야 할지부터 생각해 봐야 할 것 같아요. 아, 오늘은 왜 이렇게 찜찜한 마음으로 가득한지. 눈꺼풀은 왜 이리 점점 무거워지는 걸까요? 이런 기분으로 잠들 수는 없는데, 은영이에게 편지도 써야 하는데, 써야 하는데…….

철학자의 생각

미디어는
사고방식까지 바꾼다

집, 철도 등 인간의 기술이 만들어 낸 모든 것이 미디어

미디어란 무엇일까요? '매체'를 뜻하는 영어 'media'는 어원상 '둘 사이의 중간'을 의미해요. 일반적으로 미디어는 어떤 것을 다른 곳으로 전달하는 역할을 하는 물체를 말하죠. 예를 들어 펜으로 글씨를 쓴다면, 펜이 손과 종이를 연결하고 매개하는 매체라고 할 수 있어요. 휴대전화는 우리가 다른 사람과 통화할 수 있도록 중간에서 연결시켜 주는 매체예요. 매체라고 하면 우리는 흔히 방송 매체를 떠올리죠? 그래서 텔레비전, 라디오, 신문, 영화 등 언론 매체를 생각하기 쉬운데, 언어나 그림, 사진, 건축물, 그리고 전화, 컴퓨터도 매체라고 할 수 있어요.

그런데 매클루언은 매체의 범위를 훨씬 더 넓게 봤어요. 매체에는 무기, 자동차, 비행기, 도로, 철도, 종이, 옷, 집, 시계, 자동화 기계 등 모든 유형의 인공물 및 기술, 나아가 의술, 철학 체계, 과학 법칙, 이데올로기 등 인간 정신의 산물까지 포함했어요. 인간의 기술과 손길이 닿아 만들어진 것 모두가 미디어인 셈이죠.

미디어의 발전과 함께 삶과 사고방식도 바뀐다

매클루언은 인간이 만든 미디어가 인간에게 미치는 영향에 대해서도 연구했어요. 예를 들면 철도라는 미디어가 인간 사회에 미친 영향은 단순히 빠른 시간 내에 화물을 옮긴다는 것만이 아니라, 새로운 여가와 노동을 만들고 새로운 도시를 만들어 낸다는 데에 있어요. 나아가 인간으로 하여금 더 많이 활동하게 하고 또 역할의 규모를 확대하기까지 해요. 철도가 어느 지역을 통과하든, 무엇을 운반하든 관계없어요. 매클루언에 따르면, 기차가 실어 나르는 내용물보다 철도가 만들어지고 기차가 달리는 것 자체가 사회를 변화시키는 힘이에요.

특히 전자, 전기 기술의 발전이 우리에게 미친 영향은 대단하다고 할 수 있죠. 휴대전화를 통해 우리는 언제 어디서나 원하는 사람과 대화할 수 있고, MP3를 통해 어디서든 원하는 음악을 들을 수 있으며, 전등과 같은 조명은 밤과 낮의 구별을 없애 버렸어요. 매체라고 하면 우리는 흔히 매체 그 자체가 어떤 내용을 포함하고 있다고 생각해요. 직관적으로 매체가 어떤 내용을 전하는가를 더 중시하는 거죠. 그러나 매클루언은 매체를 통해 전달되는 내용보다 매체의 기능 그 자체에 주목했어요. 기차나 휴대전화, MP3라는 매체 그 자체가 더 크고 근본적으로 우리 삶을 변화시키기 때문이에요.

미디어가 발달함에 따라 인간의 삶의 방식도 크게 달라졌어요. 옛날에는 상상도 할 수 없었던 일이 가능해졌어요. 이제 인간은 밤에도 일을 하거나 쇼핑이 가능한 생활을 하는 단계에 이르렀죠. 과학 기술은 우리의 일상생활 속도와 패턴을 변화시킨 장본인이며, 특히 전기 미디어는 공간과 시간에 대한 우리의 생각을 완전히 바꾸어 놓았어요. 컴퓨터 모니터로 보는 인터넷도 사실은 전광이라고 할 수 있어요. 이처럼 모든 미디어는 인간의 경험을 새로운 형태로 바꾸려는 경향을 가지고 있어요.

즐거운 독서 퀴즈

1 다음 글에서 설명하는 용어는 무엇일까요? (   )

- 사전적 의미는 '둘 사이의 중간'이라는 뜻.
- 어떤 것을 다른 곳으로 전달하는 역할을 하는 물체
- 보통 텔레비전, 라디오, 신문을 일컫는다.
- 의료, 철학 체계, 과학 법칙, 이데올로기 등 인간의 기술과 손길로 만든 모든 것을 포함할 수 있다.

❶ 의사소통　　　❷ 텔레비전
❸ 미디어　　　　❹ 뉴스

정답

❸ 미디어

2 아래는 매클루언의 주장을 담은 문장들이에요. 맞으면 ○, 틀리면 × 표시를 해 보세요.

❶ 인간이 인위적으로 만들어 낸 모든 것이 미디어다.　　　(　　)

❷ 과학 기술이 발전하면 할수록 미디어도 발달하고, 미디어가 발달하면 그 영향으로 인간의 생활 양식도 변한다.　　　(　　)

❸ 미디어 기술은 메시지를 옮기는 도구일 뿐이며 메시지와 내용에 영향을 주지는 못한다.　　　(　　)

❹ 철도라는 미디어는 단지 화물을 옮기는 것에서 더 나아가 새로운 여가와 노동을 만들어 냈다.　　　(　　)

정답

❶ ○　❷ ○　❸ ×　❹ ○

3 미디어를 새롭게 정의한 매클루언은 인간의 기술과 손길이 만들어 낸 모든 것이 미디어라고 말했어요. 다음에서 매클루언이 미디어라고 가리켰던 용어에 동그라미 해 보세요.

자동차	시계	마음
책	행복	의술
육체	인터넷	원소

정답

자동차, 시계, 책, 의술, 인터넷

은영이를 이해할 수 없는 우현이.
방송국 PD인 아빠에게 고민을 털어놓는데….
아빠는 휴대전화 같은 미디어 도구들이
우리 삶과 사고방식을 크게 변화시켰다고 말한다.
마음을 담지 않은 미디어는
사람들을 더 멀어지게 할 수도 있다나!
근데 은영이가 계속 내 문자 메시지를 씹네.
이걸 어쩌지?

새로운 미디어는 우리 몸에서 나온다

우리 아빠는 방송국에서 일을 해요. 그래서 계절이 바뀔 때마다 방송 개편 때문에 며칠 동안 집에 못 들어오시기도 해요. 그럴 때면 '아빠가 참 힘들겠구나.' 하는 생각이 들어요. 하지만 유명한 사람들도 많이 보고, 텔레비전에 나오는 연예인들도 많이 본다는 점에서는 재미있을 것 같아요.

"우현아, 아빠 왔다."

오옹? 아빠가 어쩐 일로 주말에 들어오셨지? 요즈음 아빠는 평일보다 주말에 더 바쁘시거든요. 특히 일요일 오후는 더더욱 바쁘다고 하셨어요.

"우아! 아빠, 오늘은 일찍 오셨네요?"

"오늘까지 해야 할 일들이 다 끝나서 우리 우현이, 아니 우리 우현이 엄마 보러 일찍 들어왔지."

"에이, 아빠는 나보다 엄마가 더 좋으시구나?"

늘 바쁘다는 핑계로 엄마를 많이 챙겨 주지 못해서 하는 말이지만 나는 조금 섭섭하기도 했어요. 그래도 우리 아빠는 정말 센스 만점이라니까요.

나는 갑자기 어제 있었던 일들을 아빠한테 털어놔야겠다고 생각했어요. 안 그러면 찜찜하고 답답한 마음이 일주일이고 한 달이고 사라지지 않을 것 같았어요.

"아빠, 잠깐만요……."

나는 엄마한테는 들릴 듯 말 듯한 작은 목소리로 조심스럽게 아빠를 불렀어요.

"응, 왜?"

"아빠! 이따 저한테 시간 좀 내 주세요. 제가 고민이 좀 있거든요. 아빠의 도움이 필요해요. 그런데요, 아빠. 엄마한테는 절대 비밀로 해 주세요."

"고민? 그거 참, 무슨 고민일까? 친구들이랑 싸웠니?"

"아니에요. 그냥……."

"그래? 알았다. 그러면 이따 아빠랑 목욕이나 하러 갈까?

남탕에는 엄마가 들어올 수 없으니까 최고의 상담 장소 아니겠니? 안 그래도 며칠 동안 제대로 씻지 못해 몸이 근질근질하던 참이었는데 잘됐다."

아까도 생각했지만 역시 우리 아빠는 센스가 넘쳐요. 어떻게 목욕탕을 떠올렸는지 대단하다니까요. 그럼 이제 해결책을 찾을 수 있겠지?

"어머, 여보. 벌써 들어온 거예요?"

방에서 책을 읽고 있던 엄마가 소리를 듣고 나오셨어요.

"당신 보고 싶어서 일찍 들어왔지. 그런데 우선 목욕탕에 다녀오려고. 당신에게 멋있게 보여야 하는데 며칠 야근했더니 꼬질꼬질해. 우현아, 아빠랑 같이 목욕 갈래?"

"그래, 아빠 혼자 가시면 심심하니까 우현이도 같이 다녀오렴."

나의 타고난 연기력은 모두 아빠에게 물려받은 건가 봐요. 아까 목욕탕에서 얘기하자고 하시더니 마치 내게 처음 묻는 것처럼 말씀하시네요.

"네? 아이, 목욕탕은 가기 싫지만…… 뭐, 오랜만에 아빠에게 봉사 한번 할게요."

나랑 아빠는 서로 눈짓을 하다가 씨익 웃었어요.

정말 오랜만에 아빠랑 목욕탕에 갔어요. 주말인데도 사람들이 별로 없었어요. 고민을 털어놓기에는 그런대로 괜찮은 분위기여서 다행이에요. 아빠랑 나는 탕에 들어가 나란히 앉았어요.

"그래, 우리 우현이한테 무슨 고민이 있는지 한번 들어 보자."

"저, 그게요, 말씀드리기가 좀 길긴 하지만. 저는 그냥 좋은 마음으로 시작한 일들인데 결국 나쁘게 돼 버렸어요. 처음부터 그러려고 한 건 아닌데……."

나도 모르게 핑계부터 튀어나오기 시작했어요. 아니지, 이건 핑계가 아니라 정말 답답한 나의 심정이에요.

"도대체 우리 우현이한테 무슨 일이 있었기에 이렇게 절절하게 이야기하는 걸까? 아빠가 해결해 줄 수 있는 거라면 얼마든지 도와줄 테니까 계속 이야기해 봐."

나는 문득 인터넷으로 검색해 본 매클루언의 이론이 떠올랐어요. 막상 고민을 털어놓으려고 하니까 어디서부터 어떻게 말씀을 드려야 할지 막막해서 먼저 매클루언 얘기부터 꺼내기로 했어요.

"아빠, 매클루언이 누군지 아세요?"

"원 녀석도, 고민을 털어놓겠다더니 갑자기 매클루언은 뭐냐? 근데 매클루언 얘기는 누구한테 들었어?"

"엄마가 말씀해 주셨어요. 저도 인터넷으로 검색해 봤고요. '인간이 만들어 낸 모든 것을 미디어라고 한다.'라는 말은 이해가 되는데, '미디어는 몸의 확장이다.'라는 말은 무슨 뜻이에요?"

"세상에는 수많은 미디어가 있고, 그 미디어들은 계속해서 발전해 왔다는 사실을 알고 있지? 미디어들이 점점 발전해 온 것은 다 과학자들이 열심히 연구한 덕분이란다. 그런데 우리들은 과학자들이 주로 머리에서 아이디어를 얻는다고 생각하지. 하지만 매클루언은 몸을 응용해서 아이디어를 얻는다고 생각했어. 따라서 미디어 역시 몸을 응용해서 만들어진다고 보았지. 그럼 자동차 바퀴는 우리 몸의 어떤 부분을 응용해서 만들었을까?"

"당연히 우리의 다리를 응용했겠죠?"

"그래 맞았어. 매클루언은 미디어의 발전을 인간의 확장으로 보기도 했단다. 다시 말해 미디어의 발전이 신체의 기능을 확장하고 우리의 감각을 넓힌 것이라는 말이지. 예를 들어 책은 눈의 기능을 확장한 것이고, 옷은 피부의 기능을 확장한 것이라는 말이야. 만약 엄마의 귀에서 확장된 고성능 도청 장치가 여기 어딘가에 숨어 있다면 엄마는 우리가 하는 이야기를 고스란히 듣게 되겠지? 다행히 엄마는 남탕에 들어올 수 없어 도청 장치를 설치하지 못하니까 염려하지 않고 말해도 돼."

나는 아빠의 말씀에 불안해진 나머지 어제 있었던 일들을 하나하나 털어놓았어요. 지금까지 꼭꼭 숨겨 두었던 은영이 이야기, 휴대전화 중독인 것 같다는 말까지 전부요.

"아빠, 이게 전부예요. 약속은 꼭 지켜 주셔야 해요."

"에이, 별것도 아닌 걸 가지고 고민하는구나. 아빠가 깔끔하게 해결해 줄게. 마음을 편히 가지렴. 아빠가 누구냐? 우리 우현이의 해결사 아니겠어?"

아빠는 눈을 찡긋 하시더니 탕 밖으로 나가자고 하셨어요. 아빠의 말씀에 나는 답답했던 가슴이 뻥 뚫리는 듯한 기분이 들었어요. 몸이 가벼워지는 것 같기도 했어요.

"여자 친구 이름이 뭐냐?"

"은영이요, 최은영."

"예쁘냐?"

"에이, 아빠도 참. 당연히 예쁘지요. 우리 엄마보다는 아

니지만…….”

"당연하지! 네 엄마가 젊었을 때는 지금보다 훨씬 더 예뻤어. 그나저나 우리 우현이가 아빠 등을 잘 밀 수 있을까?"

"그럼요, 아주 시원하게 밀어 드릴 수 있어요."

나는 여느 때보다 아빠의 등을 더 열심히 밀었어요. 아빠가 고민을 해결해 주실 거라는 생각을 하니 기운이 마구 솟았어요.

"아이고, 이 녀석. 어느새 힘이 이렇게 세졌나? 조금만 살살 밀어. 얼마 전까지만 해도 간지럽더니만 이제는 아픈걸."

"하하하! 네, 아빠 살살 밀게요."

말은 이렇게 했지만 마음이 가벼워져서 내가 세게 밀고 있는 건지 살살 밀고 있는 건지 모르겠더라고요.

시원하게 목욕을 하고 밖으로 나왔어요. 머리를 말리면서 휴대전화를 봤는데, 앗! 부재 중 전화 1건. 목욕을 하는 사이에 은영이에게 전화가 와 있었어요. 꼭 받았어야 했는데……. 전화를 안 받으면 문자 메시지라도 보내 줄 것이지 휴대전화에는 달랑 부재 중 전화 1건만 있었어요. 이를 어떻게 해야 할까요? 나는 휴대전화를 들고 한참을 고민했어요.

"우현아!"

"……."

"배우현!"

"네?"

나는 아빠가 부르는 소리에 깜짝 놀라 대답했어요.

"무슨 생각을 그렇게 하기에 부르는 소리도 못 들어? 다 입었으면 나가서 냉면이나 한 그릇 먹자."

"엄마는 어떻게 하고요?"

"냉면은 간식이야. 저녁은 집에 가서 엄마랑 먹으면 되지."

나도 이젠 냉면쯤은 간식으로 먹을 수 있어요. 요즘에는 라면 두 개도 거뜬히 먹어요. 엄마는 키가 크려는 것 같다고 하시는데 키가 크기 전에 살이 먼저 찔 것 같아요. 저번에는 혼자 피자 한 판을 다 먹었다니까요.

네 생각은 어때?

미디어는 어떻게 탄생할 수 있었을까요? 여러분 자신이 미디어를 만든다면 어떤 것을 상상할 수 있나요? 매클루언의 말 '미디어는 몸의 확장이다.'를 떠올리며 생각해 보세요. ▶풀이는 158쪽에

"그런데 우현아, 탕에서 나오자마자 휴대전화부터 본 거야? 요즘 애들에겐 휴대전화가 일상적인 거라고는 하지만 그건 조금 문제가 있는 것 같은데……. 미디어는 장점도 많지만 단점도 있단다."

"네, 알아요. 어제 충분히 느꼈는걸요."

내가 다시 우울해지려는 순간 아빠가 내 등을 툭 치시며 말씀하셨어요.

"매클루언이 엉뚱한 사람이라는 건 들었니? 우리 냉면 먹으면서 매클루언에 대해 공부해 볼까?"

아빠와 매클루언 퀴즈 시간!

아빠랑 목욕탕 근처에 있는 냉면집에 갔어요. 아빠는 시원한 물냉면을 시키셨고 나는 매콤 달콤한 비빔냉면을 시켰어요. 냉면은 참 희한한 음식이에요. 물냉면을 시키면 비빔냉면이 먹고 싶고, 비빔냉면을 시키면 물냉면이 먹고 싶어지거든요. 자장면과 짬뽕을 반씩 담은 짬짜면이 있는 것처럼 냉면도 두 가지가 반반씩 나오면 좋겠어요. 나는 음식이 나오기 전에 아빠에게 질문을 했어요.

"참, 아빠. 매클루언이 왜 엉뚱한 사람이에요?"

"응? 식당에서 말하기는 좀 지저분하지만 말이야, 매클루언이 조카와 함께 속옷에서 소변 냄새를 제거하는 물질을 발명했다고 하는구나. 그래서 엉뚱한 사람이라고 한 거야."

"하하하, 그런 발명품은 별로 필요 없을 거 같은데 왜 그런 생각을 하게 되었을까요? 빨래를 하면 저절로 없어지는 거 아닌가요? 정말 엉뚱한 사람이다. 그것도 조카랑……."

"그렇게 엉뚱한 매클루언은 미디어와 우리 생활을 보는 시각도 아주 새롭단다. 미디어가 우리의 몸을 확장한 것이라는 이론만 봐도 그렇지. 막상 듣게 되면 당연하고 그럴듯한 것처럼 느껴지지만 그런 생각을 하기란 쉽지 않거든."

"네, 그래요. 매클루언이 생각하는 미디어는 사람들이 알고 있는 것보다 더 범위가 넓고 다양해요. 어제 엄마한테 들었는데, 매클루언은 '인간이 만들어 낸 모든 것을 미디어'라고 불렀다면서요? 우리 주변의 자연물을 제외하고 집, 옷, 텔레비전, 자동차, 무기, 숫자, 시, 그림뿐만 아니라 눈에 보이지 않는 철학이나 과학까지 미디어라고 했다고 하던데요."

"와! 우리 우현이 정말 똑똑한걸. 누가 아빠 아들 아니랄까 봐, 하하하."

이럴 땐 공부하는 것도 나쁘지 않다는 생각이 드네요. 아빠랑 대화도 나누고 칭찬도 받고. 아무튼 오늘은 신나는 날이에요.

"모든 미디어는 인간의 팔과 다리, 우리의 감각을 연장시킨 것이라는 주장도 기억나니?"

"네, 여기 있는 숟가락, 젓가락은 손을 연장한 것이겠네요."

나는 한껏 아는 체를 했어요. 내가 천재라도 되는 양 우쭐한 기분이 들었어요.

"그래, 맞아. 그럼 우리 냉면 나올 때까지 알아맞히기 게임이나 할까?"

"알아맞히기 게임이요?"

"응, 내가 문제를 내면 네가 알아맞히는 거야. 5문제 중에서 3문제 이상 맞히면 아빠가 상을 주지."

"상이요? 우아, 기대된다. 꼭 맞혀야지."

나는 아빠에게 뭘 사 달라고 할까 고민하기 시작했어요. 갖고 싶었던 것들이 머릿속에서 맴돌았어요. 용돈을 달라고 해야 할지, 아니면 갖고 싶은 것을 사 달라고 해야 할지, 빨리 정해야 할 것 같아요. 즐거운 고민이 시작되었어요.

"자, 첫 번째 문제! 라디오는 무엇의 확장일까?"

"아, 미디어랑 관련 있는 문제네요. 정답은 귀!"

"오호, 이렇게 어려운 문제를 맞히다니! 그럼 한 문제 맞힌 거다."

"하하하, 이런 문제라면 얼마든지 내 주세요."

"두 번째 문제! 텔레비전은 무엇과 무엇의 확장일까?"

"두 개예요? 텔레비전은 영상과 소리로 전달하는 거니까 눈과 귀의 확장이에요."

"딩동댕! 그럼 이번에는 컴퓨터에서 찾아볼까? 컴퓨터의 칩(CPU: Central Processing Unit, 컴퓨터 시스템 전체의 작동을 통제하고 프로그램의 모든 연산을 수행하는 가장 핵심적인 장치)은?"

"컴퓨터의 칩? 음…… 손 아니에요?"

"땡! 뇌의 확장이야. 한 문제 틀렸네. CPU는 중앙 처리 장치라고 해서 입력된 자료를 처리하고 그 결과를 보여 주는 과정을 모두 담당하지. 그래서 CPU를 컴퓨터의 두뇌라고도 한단다."

"아, 그렇구나. 몰라서 틀린 게 아니라 갑자기 어려운 게 나오니까 당황한 거예요. 얼른 다음 문제 내 주세요."

한 문제 틀렸어요. 이렇게 되면 다음 문제를 꼭 맞혀야 안심이 되는데. 아까보다 조금 자신이 없어졌어요.

"자, 이제부터는 다 맞힐 수 있을 거야. 쉬운 문제로 내 줄게. 모니터는 무엇의 확장일까?"

"눈의 확장."

"딩동댕! 그러면 마지막 문제다. 망치는 무엇의 확장일까?"

"그야 당연히 손이지요."

자신 있게 말하긴 했지만 사실 속으로는 두근두근 간질간질해서 참을 수가 없었어요. 그냥 아빠랑 하는 퀴즈 놀이일 뿐인데 왜 이렇게 가슴이 뛸까요? 맞은 거 같은데 틀렸으면 어떡하지요?

"손? 망치가 정말 손을 대신하는 거 같아?"

"그런 것 같은데……."

아빠가 되물어 보자 나는 갑자기 자신이 없어졌어요. 그리고 머릿속이 마구 어수선해졌어요. 아닌가? 틀리면 안 되는데.

"좋아! 맞았어. 그러면 한 문제만 더 내 볼까?"

"휴, 다행이다. 이제는 틀려도 되는 거지요?"

"그래, 마음 편히 맞히렴. 조금 어려운 문제인데, 컴퓨터의 케이블은 무엇을 확장했을까?"

"케이블이 뭐예요?"

"응, 컴퓨터에서 정보를 전달하는 장치 말이야. 전선처럼 생긴 거."

"글쎄요, 잘 모르겠는데요. 컴퓨터의 뼈……?"

"하하하, 컴퓨터에 뼈가 어디 있니? 케이블은 인간의 혈관과 신경 조직을 확장한 것이란다."

"그건 너무 어렵잖아요."

"잘 생각해 보렴. 우리 몸의 혈관과 신경 조직이 신체 정보를 전달하듯이 컴퓨터의 케이블이 모든 정보를 전달하고 저장할 수 있도록 하는 거야."

"그렇구나. 그래도 뭐, 알아맞히기 게임은 제가 이겼으니까 약속은 꼭 지키셔야 해요."

"알았어. 그런데 우현아. 너는 매클루언의 주장이 맞다고 생각하니?"

"네, 재밌으면서도 그럴듯하잖아요."

"그럴듯하지만 꼭 사실이라고 볼 수는 없지 않을까? 그래서 여러 학자들은 매클루언이 논리적이지 못하다고 비판하기도 했단다."

"왜요?"

"곰곰이 생각해 보면 그렇잖아. 매클루언은 집게가 손의 확장이라고 주장했는데 무언가를 잡으려고 할 때는 손뿐만이 아니라 팔의 근육도 움직여야 하니까. 우리 몸의 구조는 단순하지가 않아서 손과 팔에 수많은 뼈와 근육, 힘줄 등이 연결되어 있단다. 그래서 손만 움직이는 것 같아도 실제로는 팔에 있는 근육이나 힘줄이 함께 움직이는 셈이지."

"아, 그렇구나!"

나는 고개를 끄덕이면서 집게와 손, 팔을 머릿속에 그려 보았어요.

"주문하신 냉면 나왔어요."

한참 매클루언 이야기를 하다 보니 냉면을 깜빡 잊고 있었네요. 먹음직스러운 냉면이 아빠와 내 앞에 놓였어요.

"와! 드디어 나왔다. 잘 먹겠습니다!"

"그래, 맛있게 먹자."

"네!"

미디어는 끊임없이 발전한다

목욕하고 나서 먹는 냉면은 평소보다 더 시원했어요. 냉면 덕분에 머릿속까지 시원해진 느낌이었어요. 냉면을 먹고 나오면서 이런저런 생각을 했어요. 매클루언은 미디어가 인간의 몸을 확장한 것이라는 이론을 어떻게 생각해 냈을까요? 아빠의 말씀을 들어 보니까 매클루언의 이론은 매우 다양했어요. 매클루언은 우리 몸을 확장해서 만든 미디어가 다시 우리의 몸에 영향을 미친다고 주장했어요. 예를 들어 우리가 편리하고자 만든 규칙이 우리 생활에 영향을 주는 것과 마찬가지겠지요. 얼마 전 우리 반에서는 등교하는 순서대로 자리에 앉자는 규칙을 정했는데, 지각을 하면 하루 종일 칠판이 잘 보이지 않아 고생을 했거든요. 결국 우리가 정한 규칙이 우리에게 영향을 준 것이지요.

　내가 매클루언의 이론을 생각하고 있는 동안 아빠는 회사 동료 분과 통화를 하셨어요.

　"어, 집에 들어가서 메일로 보낼게. 내일 문서로 가져가는 것보다 그게 더 빠르지 않아? 응, 그건 이 PD가 알아서 해. 이번 개편에는 가족 위주의 프로그램으로 하자니까? 그렇지. 그거 좋은데……."

　통화가 금세 끝날 것 같지는 않네요. 그래서 나도 계속 이런저런 생각을 하며 아빠를 따라가고 있어요.

　우리는 흔히 책을 읽을 때 우리의 감각 중에서 눈이 가장 중요하다고 생각해요. 하지만 요즘에는 컴퓨터를 더 많이 사용하기 때문에 눈뿐만 아니라 손도 중요한 역할을 하게 되었어요. 특이한 것은 야구 선수들이 공을 던지는 쪽의 팔이 늘어나 다른 쪽 팔보다 더 길어지듯이 마우스와 키보드를 사용하는 쪽의 손가락이 길어지고 있다고 해요. 나는 내 손가락을 내려다봤어요. 둘째가라면 서러워할 정도로 컴퓨터 오락을 많이 하거든요. 그런데 내 손가락은 모두 짧고 뭉뚝해요. 참 이상해요. 미디어 때문에 손가락 길이가 길어진다는 사실이요. 그렇다면 나는 앞으로 오락을 더 많이 해야 겠어요. 하하하!

그동안 내가 좋아했던 게임들은 눈으로 보고 손가락만 움직이면 할 수 있는 단순한 것들이었어요. 미로 안에서 공룡 알을 정해진 장소에 옮겨 놓는 게임, 블록 모양을 바꾸어 틈새 없이 쌓아 없애는 게임, 미사일을 쏘아 비행기를 맞추면서 전진하는 게임 같은 것들이에요. 그 게임들은 색깔도 단순하고, 서너 개의 키만 누르면 될 정도로 간단해요.

하지만 요즘은 온몸의 감각을 총동원해야 하는 게임들도 많이 있어요. 실제로 자동차에 탄 것처럼 핸들을 조작하고 페달을 밟아야 하는 게임, 음악에 맞춰서 건반을 누르고 발판을 밟아야 하는 게임, 오락기와 연결되어 있는 스키를 타야 하는 게임 등은 눈과 귀, 손과 발을 모두 이용해야 해요.

이렇듯 앞으로 새로운 미디어가 등장할 때마다 우리의 감각 중에서 중요한 역할을 하는 부분도 점차 달라질 거예요. 그리고 그 감각을 발전시켜 새로운 미디어를 만들어 내겠지요.

만약 과학과 의학이 결합하여 눈부신 성과를 이루어 내게 된다면 미래의 인간은 터미네이터처럼 되는 것은 아닐까

요? 영화 속 주인공인 터미네이터는 미래의 세계에서 온 사이보그예요. 겉모습은 인간과 똑같아 보이지만 피부 속은 온통 기계 장치들로 가득해요.

지금도 사람에게 완벽하지는 않지만 인공 심장을 이식하거나 인공 관절을 삽입하기도 하니까 우리 몸에 잘 맞는 미디어를 몸의 일부에 장착하는 게 가능하지 않을까요? 그러면 우리의 몸 자체가 미디어가 되는 날이 올지도 모르겠어요.

"아이고, 미안하다. 아빠가 너무 오래 통화를 했지?"

"아니에요. 아빠, 궁금한 게 하나 있는데요."

"응, 또 무슨 고민이 생겼어?"

"아니요. 아빠가 통화하실 때 곰곰이 생각해 봤는데, 사람의 몸에 미디어를 장착할 수도 있을까요?"

"글쎄, 미디어가 이대로 더 진화한다면 그럴 수도 있지 않을까?"

"저는요. 제 몸에 미디어를 장착할 수 있다면 망원경의 기능을 갖춘 눈을 갖고 싶어요. 그러면 교실에서 아무리 뒤에 앉는다고 해도 칠판의 글씨가 훨씬 잘 보일 테고 안경을 쓸 필요도 없을 테니까요."

"그거 참 재미있는 생각인데? 커닝하려고 그러는 건 아니고?"

"에이, 아니에요. 또 팔에는 도르래를 장착해서 무거운 것도 번쩍 들어 올릴 수 있었으면 좋겠어요. 엄마를 따라 장을 보러 갔을 때 주차되어 있는 차들 때문에 고생한 적이 많았거든요. 차를 너무 바짝 세워 두어서 부딪힐 뻔했고, 주차 선을 넘긴 차들 사이로 들어가느라 엄마가 많이 힘들어했어요. 그럴 때 힘센 팔로 그 차를 들어서 주차 선에 맞게 내려놓으면 우리 차가 주차하기 편하잖아요."

"하지만 우현아, 그렇게 되면 사람이 로봇 같아서 조금 무섭게 느껴지지 않을까?"

"그럴 것 같기도 해요. 하지만 미디어는 계속 발달할 거잖아요. 저는 어떤 미디어가 생겨서 우리의 어떤 감각을 깨워줄지 무척 기대가 돼요."

아빠는 기특하다며 내 머리를 쓰다듬어 주셨어요. 실은 엄마 아빠를 도와드리는 미디어 말고 다른 미디어에 더 관심이 많아요. 은영이의 전화를 받지 못한 것이 내내 마음에 걸리고 있거든요. 전화가 오면 아무리 휴대전화가 멀리 떨어져 있어도 벨소리를 들을 수 있는 귀와, 누가 전화를 한 것인지 보여 주는 눈이 있으면 얼마나 좋을까요?

집에 들어오자마자 나는 은영이에게 전화를 걸었어요. 전에는 문자 메시지나 이메일로 내 마음을 전하면 된다고 당연하게 생각했어요. 하지만 이번 기회에 많은 것을 배울 수 있어 잘되었다고 생각해요. 이 이야기를 은영이에게 꼭 해 주고 싶은데…… 은영이는 내 전화를 받기 싫은가 봐요. 다섯 번이나 했는데도 받지 않아요. 지금, 전화 말고 내 마음을 전할 수 있는 다른 미디어는 없을까요?

철학자의 생각

미디어는
몸의 확장이다

책은 눈, 라디오는 귀, 집은 피부

매클루언의 미디어 이론이 지닌 독창성은 미디어를 신체 기능의 확장으로 본다는 데 있어요. 인류 역사에서 인간은 신체 기능을 확장시켜 왔어요. 예로, 자동차 바퀴는 발의 확장이고, 책은 눈의 확장, 수(數)는 촉각의 확장, 옷과 집은 피부의 확장이에요. 이를 단순히 물리적 신체 기능의 확장으로만 볼 게 아니라 감각이나 의식, 경험의 확장으로 봐야 해요.

이를 통해 많은 미디어들도 설명할 수 있어요. 라디오와 전화라는 미디어는 소리를 듣는 귀의 확장이에요. 영화와 텔레비전은 보고 듣는 눈과 귀의 확장이죠. 그래서 책을 시각 매체, 라디오를 청각 매체, 텔레비전을 시청각 매체라고 부르죠.

컴퓨터 회로는 두뇌의 확장이고, 마우스는 손의 확장이며, 모니터는 눈의 확장이고, 스피커는 귀의 확장이에요. 그러고 보면 컴퓨터야말로 후각을 제외한 모든 감각을 활용하는 종합 운동인 셈이에요. 향기가 나는 컴퓨터가 가능해진다면 그야말로 인간의 오감을 종합하는 토털 미디어가 될 거예요.

상상력이 미디어 세상을 바꾼다

앞으로 미디어는 어떻게 발전할까요? 매클루언에 따르면 생각은 하늘에서 뚝 떨어지는 것이 아니라 바로 인간의 오감을 비롯한 지각 능력에서 출발할 거라고 했어요. 휴대전화가 아무리 점점 더 좋은 기능을 갖춘다고 해도 어디까지나 우리가 사용하기에 편리해야 하며 인식하기 좋아야 한다는 거예요. 예전에는 통화만 할 수 있었던 전화기로 사진도 찍을 수 있고 라디오와 텔레비전까지 볼 수 있게 되었어요. 신체 감각 기관으로부터 만들어진 미디어는 우리가 세상을 바라보는 데에도 영향을 주고 있어요. 디지털 카메라로 보는 것과 눈으로 보는 것에는 분명히 차이가 있으니 말이죠. 미디어는 갈수록 확장되고 있으며, 앞으로 어떤 미디어가 세상을 바꾸게 될 것인지는 모두 우리들의 상상력에 달려 있어요.

즐거운 독서 퀴즈

1 매클루언은 '미디어는 몸의 확장이다.'라고 말했어요. 미디어가 우리의 신체 기능을 대신해 주고 있다는 뜻이에요. 이 말을 곰곰 생각하며 관련 있는 것끼리 연결해 보세요.

- 책 ·　　　　　　　　· 두뇌
- 옷 ·　　　　　　　　· 발
- 컴퓨터 ·　　　　　　· 귀
- 자동차 바퀴 ·　　　　· 혈관과 신경 조직
- 휴대 전화 ·　　　　　· 피부
- 컴퓨터 케이블 ·　　　· 눈

정답

· 책 - 눈　　　· 옷 - 피부
· 컴퓨터 - 두뇌　　· 자동차 바퀴 - 발
· 휴대 전화 - 귀　　· 컴퓨터 케이블 - 혈관과 신경 조직

2 다음 제시문은 우현이가 상상한 미디어의 미래 모습이에요. 매클루언은 앞으로 미디어 발달의 핵심은 무엇이라고 했나요? (   )

> 만약 과학과 의학이 결합하여 눈부신 성과를 이루어 내게 된다면 미래의 인간은 터미네이터처럼 되는 것은 아닐까요? 영화 속 주인공인 터미네이터는 미래의 세계에서 온 사이보그예요. 겉모습은 인간과 똑같아 보이지만 피부 속은 온통 기계 장치들로 가득해요.
> 　지금도 사람에게 완벽하지는 않지만 인공 심장을 이식하거나 인공 관절을 삽입하기도 하니까 우리 몸에 잘 맞는 미디어를 몸의 일부에 장착하는 게 가능하지 않을까요? 그러면 우리의 몸 자체가 미디어가 되는 날이 올지도 모르겠어요.

❶ 기술의 발달
❷ 인간의 상상력
❸ 인간의 지식

모든 테크놀로지는 총체적으로
새로운 인간 환경을 점진적으로 창조한다.
— 마셜 매클루언

3
미디어는 메시지다

게임, 인터넷 등 멀티미디어에 관심이 많은 우현이.
아빠에게 들은 미디어 수업.
현대는 미디어가 지배하는 세상!
우리 삶과 생각, 감각까지도 변화시키는
무서운 도구, 미디어….
우리가 어떤 세상에 살고 있는지
이제부터 관심을 가져야겠는걸.

마음을 전하고 싶어

 엄마 아빠는 저녁 모임에 가셨어요. 결국 아까 먹은 냉면이 저녁이 된 셈이에요. 아빠는 모임이 있는 걸 깜빡 잊으셨다며 집에 들어오실 때 맛있는 것을 사 오시겠다고 약속하셨어요. 나는 눈이 빠지게 엄마 아빠를 기다리고 있어요. 슬슬 배가 고파 오기 시작했거든요.

 밤이 깊어져도 엄마 아빠는 들어오시지 않아요. 늦으시면 항상 전화를 하시는데 우리 집 전화기가 멍텅구리가 되었나 봐요. 나는 신호가 가나 안 가나 확인을 하려고 전화기 앞으로 갔어요.

 따르르릉, 따르르릉…….

갑자기 울리는 전화벨 소리에 깜짝 놀랐어요.

"여보세요? 우현이네 집입니다."

"우현이구나! 진도 할미다."

"우아, 외할머니다! 할머니, 그동안 잘 지내셨어요? 할아버지도 건강하시죠?"

"그럼, 너도 잘 지내냐? 학교는 잘 댕기고?"

"네, 잘 다니고 있어요."

"엄마는 집에 있냐?"

"아뇨, 아직 안 들어오셨어요. 이제 곧 들어오실 텐데……."

"그래? 그럼 할미가 다시 전화하마. 그냥 목소리나 들으려고 전화했다."

"네, 할머니. 죄송해요. 다음에는 제가 먼저 전화드릴게요. 안녕히 계세요."

"오냐, 잘 지내라."

외할머니의 목소리를 참 오래간만에 들었어요. 예전에는 편지나 카드도 많이 보내 드리고, 하다못해 전화라도 자주 드렸는데 휴대전화가 생긴 뒤로는 오히려 안부 인사조차 제대로 드리지 못한 것 같아요. 통신 기술이 발달할수록 연락이 더 자주 오가야 할 텐데 오히려 더 멀어진다는 느낌이 들어요. 몇 년 전만 해도 겨울 방학을 앞두고 크리스마스카드를 만들거나 방학 시간표를 짜는 것이 중요한 일 중 하나였는데 말이죠. 그때는 기말 고사가 끝난 뒤에는 국어 시간이든 수학 시간이든 상관없이 카드 만들기, 방학 시간표 짜기를 많이 했거든요. 히히, 문구점이나 할인 마트에 가면 예쁜 카드를 살 수 있었지만 크리스마스카드를 만드는 것은 나에게 즐거운 놀이였어요. 도화지, 색종이, 가위, 풀 등을 준비물로 챙겨서 학교에 갈 때면 여느 때와 달리 수업 시간이 기다려지곤 했지요.

그날도 겨울 방학을 앞두고 카드 만들기를 하고 있었어요. 나는 색종이에 연필로 그림을 그린 뒤 가위로 오려 카드 겉면에 붙였는데, 그림도 영 마음에 들지 않고 연필심이 번져 지저분해 보이기까지 했어요.

나는 우리 반에서 제일 그림 솜씨가 좋은 민지의 카드를 슬쩍 보았어요. 민지는 도화지 위에 색연필로 그림을 그린 뒤에 작은 구슬을 붙이고 있었어요. 민지의 카드는 아주 멋져 보였어요. 나는 민지가 어떻게 카드를 만드는지 계속 쳐다보고 있었어요. 그것을 알아차렸는지 민지가 먼저 말을 걸었어요.

"우현아, 내가 이 구슬 빌려 줄까?"

나는 민지의 말이 고마웠지만 순간 쑥스럽기도 했어요.

"아냐, 됐어. 난 색종이 붙이면 돼."

이렇게 대답하고 내 카드 쪽으로 고개를 돌렸어요.

집으로 돌아오는 길에 나는 민지의 카드에서 본 작은 구슬과 스티커 몇 개를 샀어요. 가방을 내려놓자마자 도화지를 오려서 색연필과 크레파스로 그림을 그리고 작은 구슬을 붙였어요. 거기에 스티커까지 붙이니까 왠지 민지의 카드보다 훨씬 더 멋진 것 같았어요.

카드를 몇 개 더 만들어서 엄마와 아빠 것에는 '메리 크리스마스.'라고 쓰고, 외할머니, 외할아버지 카드에는 '새해 복 많이 받으세요.'라고 썼어요.

크리스마스이브 날 저녁, 아빠는 한 손에 케이크를, 다른 손에는 포장된 선물 상자 하나를 들고 오셨어요. 우리 가족은 크리스마스트리에 걸린 전구에 불을 밝히고 케이크를 먹으면서 이야기를 나누었어요. 나는 두근거리는 마음으로 엄마 아빠에게 얼른 카드를 드렸어요.

"어쩜, 우리 우현이가 이렇게 솜씨가 좋다니 너무 놀랍구나. 안 그래요, 여보?"

"그러게. 우현이가 이렇게 카드도 만들어 주었는데, 아빠도 우리 우현이에게 선물을 줘야겠는걸."

아빠는 포장된 상자를 건네주셨어요. 상자를 열어 보니 운동화가 들어 있었어요.

"아빠, 고마워요."

"나는 준비 못 했는데, 치사하게 혼자만 준비한 거예요? 운동화는 언제 사러 갔어요?"

"우현이가 크리스마스카드를 만드는 동안에 샀지. 하하하……."

나는 운동화를 선물 받았다는 것보다도 엄마 아빠가 내 카드를 칭찬해 주신 것이 더 기뻤어요. 다음 날 외할머니께서 카드를 보내 줘서 고맙다고 전화를 하셨을 때는 뭔가 큰일을 한 듯한 기분이었어요.

그 후에도 나는 매년 어버이날과 크리스마스 때마다 편지나 카드를 꼭 썼어요. 엄마 아빠는 물론이고, 외할머니, 외할아버지께도 드렸고요. 그러다가 작년 가을 휴대전화를 사면서부터 편지나 카드 보내는 일이 줄어들었어요. 아무래도 친구들과 문자 메시지를 주고받는 것에 익숙해지다 보니 휴대전화를 사용하시지 않는 외할머니, 외할아버지께는 연락이 뜸해져 버린 거예요.

　나는 작년 여름 외할머니께 아주 큰 선물을 받고도 보답해 드리지 못한 자신이 부끄러웠어요. 어떻게 그날의 감동을 잊고 있었는지…….

　우리 가족은 모처럼 외가로 휴가를 가게 되었어요. 진도까지 가기가 쉽지 않았지만 아빠의 휴가가 길었고 내가 중학교에 올라가면 더 찾아뵙기 어려울 거라는 생각에서 계획하게 되었지요.

　진도에서 외할머니와 외할아버지, 누렁이, 푸른 바다와 함께 지내다 보니 어느덧 휴가 마지막 날이 되었어요. 외할머니는 아침부터 분주하게 서두르시면서 쌀, 미역, 김, 전복 등 이것저것을 챙겨 종이 상자와 아이스박스에 넣으셨어요.

　"아, 참. 내 정신 좀 보게. 우현아, 안방 서랍장 위에 할미의 보물 상자가 있단다. 그것 좀 가지고 오너라."

　나는 안방으로 들어가 외할머니의 보물 상자를 찾아보았어요. 서랍장 위에 색색의 한지로 만든 상자 하나가 있었어요. 오래되어 손때가 묻어 있었지만 각 면마다 난이나 대나무가 그려져 있어 멋져 보였어요.

　나는 가볍게 상자를 들다가 뚜껑만 잡게 되면서 내용물

을 와락 쏟아 버리고 말았어요. 방바닥에 수첩 몇 개와 통장, 도장, 낯익은 카드와 편지 봉투들이 흩어졌어요.

혹시나 하는 마음에 카드와 편지 봉투를 살펴보았는데, 모두 내가 보내 드린 것들이었어요. 조금 두툼한 편지 봉투를 열어 보니 재작년에 보낸 카네이션이 봉투 안에서 살짝 눌려 납작해져 있었어요. 나는 순간 가슴이 뭉클해지고 눈물이 조금 날 것만 같았어요. 상자 안에 카드와 편지를 차곡차곡 담고, 수첩과 통장, 도장을 얹은 후 상자 뚜껑을 닫았어요.

나는 아무 말 없이 외할머니께 보물 상자를 건네 드렸어요. 외할머니는 보물 상자를 열어 통장과 도장을 꺼내시더니 엄마의 손에 쥐어 주셨어요.

"이건 우현이가 중학생이 되면 쓰라고 마련한 것인디, 언제 다시 만나게 될지 모르니께 오늘 가지고 올라가."

집으로 돌아오는 차 안에서 나는 상자 안에 있었던 카드와 편지들, 특히 카네이션이 떠올라 가슴이 아팠어요. 먼 진도에서 손자가 보낸 짧은 소식에 기뻐하셨을 외할머니, 외할아버지의 모습이 떠올랐어요. 나는 집에 도착하면 꼭 외가에 편지를 보내야겠다고 마음먹었어요.

하지만 집에 도착했을 때는 너무 늦은 밤이었고, 짐 정리도 제대로 못한 채 잠이 들었어요. 다음 날 짐 정리를 한 후, 밀린 엄마의 일을 거들어 드리고 학원에 가고 그러는 와중에 나는 편지를 보내야겠다는 생각을 까맣게 잊어버렸어요. 또 친구들과 문자 메시지를 주고받으며 중요한 것을 기억 저편으로 흘려버리고 말았어요.

세상에는 편리함에 길들여져 잊어버리는 일들이 참 많아요. 미디어가 발전해서 생활이 편리해지는 것은 좋지만 마음까지 편리해진 나머지 게을러지면 안 되는 거겠죠? 어쩌면 은영이가 원하는 것이 이런 마음이 아니었을까요? 나는 갑자기 부끄러워졌어요.

미디어는 메시지다

 엄마 아빠를 기다리는 동안 나는 인터넷 서핑이나 해야 겠다고 생각했어요. 아빠는 일일이 클릭해서 봐야 하는 인터넷 뉴스보다는 신문이 훨씬 더 보기 편하다고 해요. 그렇지만 나는 같은 내용이라도 인터넷 화면으로 봐야 더 재미있게 느껴지고, 신문은 어떻게 봐야 할지 모르겠어요.
 내가 자주 이용하는 검색 사이트는 '생활의 지식 창고 야호(Yaho!!)'라는 곳이에요. 정치, 경제, 사회, 문화와 관련된 뉴스를 비롯하여 연예인들의 가십, 생활 정보나 상식들까지 다양하게 볼 수 있어요.
 나는 컴퓨터를 켜자마자 '야호' 포털 사이트에서 이것저

것 검색하다가 '식량 문제의 획기적인 해결책'이라는 기사를 클릭해 보았어요. 기사는 유전자 조작 식물에 관한 것이었어요.

나날이 식량 문제가 심각해지고 있는 가운데 거의 완성 단계에 이르고 있는 유전자 조작 식물이 있어 화제입니다. 인류의 구원 작물이 될 이 식물의 이름은 '구황이'. 순수 국내 기술로 개발된 구황이는 구황 작물에서 그 이름을 따온 것이라고 합니다.

구황 작물이란 가뭄이나 장마에 큰 영향을 받지 않으면서 상당한 수확을 얻을 수 있는 작물입니다. 또 짧은 시간 내에 재배할 수 있고 척박한 토양에서도 잘 자라서 흉년이 들었을 때 주식 대용으로 사용할 수 있습니다. 구황 작물에는 조, 피, 메밀, 고구마, 감자 등이 있습니다.

이름에 걸맞게 구황이는 뿌리에는 감자와 고구마가 자라고, 줄기에는 옥수수가 열리는 식물입니다. 구황이의 완성을 앞두고 연구에 박차를 가하고 있는 재난대책유전공학연구소는 구황이로 인해 지구의 식량 문제가 거의 100%

해결될 것으로 전망했습니다.

　재난대책유전공학연구소가 발표한 자료에 따르면 구황이는 옥수수와 감자, 고구마의 세포를 인공적으로 융합하여 세 식물의 형질을 가지도록 만든 개량종이라고 합니다.

　세계의 유전공학계와 언론계는 구황이에 깊은 관심을 쏟고 있으나 유전자 조작으로 인한 부작용 또한 우려하고 있습니다. 이에 대해 재난대책유전공학연구소는 아직까지 구황이가 완성된 것이 아니며, 구황이의 탄생부터 안전성 검사에 이르기까지 모든 것을 공개하겠다고 밝혔습니다.

　기사 아래에는 구황이가 완성되었을 때를 가상한 그래픽 사진 몇 장이 실려 있었어요. 전에도 토감(토마토와 감자의 세포 융합)이나 무추(무와 배추의 세포 융합), 가지감자(가지와 감자의 세포 융합) 같은 것들을 모형이나 사진으로 본 적이 있었지만 한 식물에서 세 가지나 자라다니 정말 놀라웠어요.

　만약 구황이가 완성되어 밭에 심고 기른다면 수확할 때 얼마나 재미있을까요? 일단 소쿠리에 옥수수를 따서 담고 옥수수 줄기를 잘라 줘야 해요. 그 뒤 호미로 감자와 고구마를 캐내는데, 과연 땅속에서 감자가 나올지 고구마가 나올지 정말 기대되겠지요. 이거야말로 골라 캐는 재미가 있는 일이 아닐까요?

밖에서 무슨 소리가 나는 것 같아서 거실로 나갔어요. 아까 보고 있었던 텔레비전에서 나는 소리였어요. 텔레비전을 끄려고 리모컨을 찾다가 소파 위 신문에서도 '구황이' 기사를 보게 되었어요. 얼른 앉아서 신문 기사를 읽었어요. 기사 내용은 인터넷과 거의 비슷했어요. 다만 기사 아래에 있는 사진이 조금 달라 보였어요. 인터넷 사진은 마치 눈앞에 있는 것처럼 사실적으로 보였는데, 신문 사진은 흑백이 아닌데도 언뜻 보면 무엇인지 잘 모르겠어요. 모니터 해상도가 신문보다 더 좋기 때문에 더 생생하게 실제적으로 보이는 거겠죠?

때마침 텔레비전 뉴스에서도 구황이 소식이 흘러나오고 있었어요.

"앞으로 닥칠 식량 위기를 타개할 방법이 있을까요? 반가운 소식이 들려왔습니다. 유전자 조작 식물 '구황이'가 탄생했다는 소식입니다. 반가운 것은 국내 기술로 이뤄 냈다는 사실입니다. 재난대책유전공학연구소에 직접 나가서 구황이에 대해서 알아보았습니다."

인터넷과 신문 기사로 읽었던 내용들이 아나운서의 목소리를 통해 실려 나오고, 자료 화면으로 재난대책유전공학연구소의 모습과 유전자 조작 과정의 그림, 완성된 구황이의 모습 등이 차례차례 비춰졌어요. 아무래도 일반인들에게는 유전자 조작 내용이 어려우니까 그 과정을 그림이나 사진으로 보여 주니 좀 더 이해하기 쉬웠어요.

인터넷은 기사 내용을 간략하게 정리해 줘서 좋고, 신문은 기사 내용을 자세하게 작성해 줘서 좋고, 뉴스는 아나운서가 압축해서 설명한 후 자료 화면을 보여 줘서 이해하기 쉬웠어요. 그러고 보니 같은 내용이라도 어떤 미디어를 이용해서 전달하느냐에 따라 이렇게 차이가 생기네요.

어제 매클루언에 대해 조사할 때 내용보다 형식이 중요하다는 자료를 읽었는데 지금 내가 한 경험과 딱 맞는 이야기인 것 같아요. 매클루언은 내용보다 형식이 중요하다는 주장을 펼쳤어요. 같은 내용이라도 어떻게 전달하느냐에 따라 받아들이는 사람에게는 큰 차이가 날 수 있다고 했어요.

같은 내용이라도 형식의 차이가 중요하다? 나는 갑자기

무슨 용기가 났는지 은영이에게 문자를 보내야겠다고 생각했어요. 아직 잘 시간은 아니니까 내 문자를 보면 분명 답장을 할 거예요.

> 은영아… 미안해…
> 반성하고 있으니까
> 이 문자 보면
> 답장 좀 해 줘….
>
> ○/○△ : 05pm
> 멋진 우현이
> 123-4567-8910

막 전송 완료 메시지가 뜨는데 엄마 아빠가 들어오셨어요. 아빠는 술을 많이 드셨는지 기분이 무척 좋아 보이셨어요.
"우현아, 아빠가 우리 아들 주려고 치킨 사왔지롱."
"우아! 아빠, 감사해요. 그런데 술을 많이 드셨나 봐요?"
"아니야, 아빠가 그냥 기분이 좋아서 아주 쪼~금 마셨어."
옆에 계시던 엄마가 웃으시며 물었어요.

"우리 아들 혼자 심심했지? 뭐 하고 있었어?"

나는 차마 은영이 생각을 하고 있었다는 말은 할 수 없었어요. 엄마는 아직 은영이에 대해 모르시니까요.

"아, 매클루언에 대해 공부하고 있었어요."

"그래? 우리 우현이 기특한걸. 나는 또 게임이나 하고 있는 줄 알았는데……."

"우리 우현이가 매클루언 공부를 하고 있었어? 아이고, 기특해라. 우리 아들이 철이 아주 일찍 났어요. 하하하, 그러니까 벌써부터 은영……."

"아빠, 매클루언에 대해 아세요?"

나는 얼른 아빠의 말을 막았어요.

"어? 아, 참. 응, 매클루언이라면 아빠가 잘 알지. 아빠가 방송국에서 일하잖니. 매클루언은 미디어에 대해 창의적인 생각을 펼친 사람인데, 그의 이론들은 사람들에게 크게 옹호를 받기도 하고 비난을 받기도 했단다."

"네, 저도 그런 내용을 읽어 보았어요. 매클루언이 자신의 이론을 주장하면서 많은 비유를 사용했기 때문에 비논리적이라고 공격하는 학자들이 있대요."

휴. 아빠가 술김에 은영이 이야기를 하려는 것 같아 얼른 화제를 돌렸는데, 금세 눈치를 채셔서 다행이에요. 우리 아빠는 술에 취했을 때도 센스가 넘친다니깐.

"하지만 우현아. 매클루언은 '금세기 최고의 미디어 이론가'라는 찬사를 받을 정도로 대단한 사람이었어. 매클루언의 이론이 독창적이기도 하지만 그의 이론이 마치 예언처럼 오늘날 딱 맞아떨어졌기 때문이야."

옆에서 엄마도 한마디 거들었어요.

"매클루언은 『실낙원』을 쓴 영국의 시인 존 밀턴의 영향을 받았지. 밀턴은 '모든 주의와 주장이 이 땅 위에서 자유로이 활동하게 하라.'라는 주장으로 언론의 자유를 강조했어. 매클루언은 이 사상을 자신의 이론에 접목시켜 기술의 발달이 표현의 자유를 불러일으킬 것이라고 했지. 옛날에는 신문, 라디오, 텔레비전 매체를 통해 소식을 들을 수 있었단다. 그나마도 신문, 라디오, 텔레비전의 내용을 검열하는 곳이 있어서 말하고 싶은 것을 모두 다 사람들에게 알리지 못했어. 그러나 요즘에는 인터넷이 발달해서 실시간으로 세계 곳곳의 소식을 들을 수 있고 누구든 자신이 하고 싶은 이야기를 할 수 있게 되었지. 우현아, 너는 UCC(User Created Content: 사용자가 제작하는 컨텐츠를 뜻하는 신조어, 개인이 직접 만든 사진이나 동영상, 인터넷에 올린 글 등이 모두 포함된다.)가 뭔지 아니?"

"그럼요, 지금 아빠 모습 UCC로 올리면 정말 재미있을 것 같아요. 하하하."

소파에 기대어 앉아 계시던 아빠도 약간 발그스름해진 얼굴로 웃으셨어요.

"녀석, 아빠가 UCC에 나오면 사람들이 방송국에 더 몰려들게 될 거야."

"왜요?"

"아빠의 잘생긴 얼굴을 한 번이라도 더 보려고 그러겠지? 안 그래도 방송국 앞에 팬클럽인가 하는 애들이 진을 치고 있어서 복잡한데 아빠는 좀 참아야 하지 않겠니?"

"당신도 참."

"기왕 말이 나왔으니 아빠가 매클루언에 대해 더 얘기해 줄게. 그 당시 많은 이론가들은 내용이 형식보다 중요하다고 여겼는데, 매클루언은 내용보다 형식이 중요하다고 생각했어. 이런 의미에서 매클루언은 '미디어는 메시지다.'라는 말을 한 것으로도 유명하단다."

"미디어는 메시지요?"

"그래, 매클루언은 미디어를 통해 전달되는 내용보다 어떤 미디어를 통해 전달하느냐가 더 중요하다고 했어. 같은 내용이라도 미디어가 달라지면 사람들은 모두 다른 내용이라고 인식한단다. 예를 들어 아빠가 연예인에 대해 이야기해 주는 것과 그 이야기를 텔레비전에서 듣는 것, 인터넷으로 보는 것이 다 다르게 느껴진다는 말이야. 설사 그 내용이 조금도 다르지 않더라도 받아들이는 사람은 똑같다고 느끼지 않는단다."

오잉? 저 말씀은 아까 전에 내가 했던 생각과 같은 것이네요. 구황이 소식을 인터넷, 신문, 텔레비전에서 각각 보고 들었을 때 같은 내용이었는데도 분명히 느낌이 달랐거든요.

"모든 미디어는 그 메시지와 상관없이 우리가 세상을 인식하는 방식에 영향을 준단다. 다시 말해서 미디어가 전달하는 것은 그 내용과는 전혀 다른 미디어 자체의 특질이라는 거야. 우리는 그 미디어의 특성에 맞게 메시지를 받아들이게 되는 거지."

나는 그동안 학교에서 형식보다는 내용이 더 중요하다고 배웠어요. 아무리 형식이 그럴듯해도 내용이 충실하지 못하면 우리에게 제대로 된 지식이나 교훈을 줄 수 없다고 했어요. 그래서 나는 내용만 충실하다면 어떤 미디어를 사용해도 상관없다고 생각했고요. 하지만 '보기 좋은 떡이 먹기에도 좋다.'라는 속담이 있는 것처럼 형식의 중요성도 무시할 수 없는 건가 봐요.

'전달하고자 하는 내용이 어떤 미디어로 전달되느냐에 따라 차이가 있기 때문에 미디어 자체에 관심을 가져야 한다.'

나는 휴대전화를 들여다보았어요. 아직 은영이에게 아무런 연락도 오지 않아요. 매클루언에 대해 알면 알수록 마음이 무거워요. 정말 은영이는 내 마음을 받아주지 않으려는 걸까요?

네 생각은 어때?

매클루언이 말한 '미디어는 메시지다'란 무슨 뜻일까요? 매클루언의 주장을 잘 이해하고 자신의 의견을 적어 보세요.

▶풀이는 159쪽에

텔레비전이 훌륭한 미디어라고?

"그런데 엄마, 왜 사람들은 텔레비전을 '바보상자'라고 부르는 거예요?"

나는 엄마와 치킨을 먹으면서 질문을 했어요. 아빠는 이미 꿈나라로 갔어요. 하긴, 조금만 더 이야기를 하셨다가는 내가 거짓말을 한 이야기며, 은영이 이야기, 휴대전화 중독에 관한 이야기를 모두 다 폭로하실지도 몰라요.

"그야 텔레비전이 사람을 바보처럼 만들기 때문이지. 텔레비전에서 나오는 내용이 옳은지 그른지 생각해 봐야 하는데, 아무 생각 없이 텔레비전을 보는 사람들이 많잖아."

"저도 오랫동안 텔레비전을 보다 보면 시간이 어떻게 갔는지, 무슨 생각을 하는지 모를 때가 많아요."

"그렇단다. 텔레비전을 많이 보면 비판력과 사고력이 마비된다고들 하지. 그래서 '해럴드 이니스'라는 사람은 과학이 발전함에 따라 의사소통 수단도 발달하고, 의사소통 수단이 인간을 지배한다고 주장했어. 즉, 미디어가 발전하는 것을 부정적으로 본 거지. 텔레비전이나 인터넷이 발달하면 할수록 사람들은 쉽게 정보를 얻을 수 있어. 그렇지만 쉽게 접할 수 있는 만큼 사람들에게 잘못된 정보를 널리 퍼뜨릴 수도 있단다. 그럼에도 매클루언은 여전히 미디어를 긍정적으로 보았고, 특히 텔레비전을 예찬하기도 했단다."

"매클루언이 텔레비전을 예찬한 이유는 뭐예요?"

"그걸 이해하기 위해서는 먼저 인류의 역사에 대해 알아야 해. 매클루언이 의사소통의 종류에 따라 인간의 역사를 4단계로 구분해 놓았거든. 엄마랑 인터넷으로 찾아볼까?"

나는 엄마와 함께 인터넷으로 자료를 찾아보았어요. '야호' 검색창에 '매클루언이 구분한 인간의 역사'를 입력했더니 다음과 같은 내용이 나왔어요.

1. 구어 시대(Oral Age)

　원시 부족 사회에서 인간은 말을 통해 자신의 생각을 전달했는데, 이때 시각, 청각, 후각, 촉각, 미각의 오감을 모두 사용했다. 그중에서 가장 중요한 인간의 감각은 청각으로, 의사소통과 지식 전달이 말로 이루어졌기 때문에 '귀의 시대'라고도 한다.

2. 문자가 발명된 이후의 시대(Literate Age)

　문자(한자와 알파벳)를 사용하다 보니 글을 읽기 위한 눈이 중요해졌다. 따라서 감각이 청각에서 시각으로 넘어가고 있었으나 문자를 사용하는 사람은 소수에 불과했기 때문에 감각의 균형이 완전히 깨지지는 않았다.

3. 인쇄 시대(Gutenberg Age)

　15세기에 구텐베르크가 활판 인쇄술을 발명한 이후 인간은 주로 시각에 의존하게 된다. 특히 책은 처음부터 한 장씩 넘겨 가면서 읽어야 내용을 파악할 수 있기 때문에 인간은 더욱 시각에 집중하게 되었다. 구텐베르크의 인쇄

술을 통해 알파벳이 전 세계로 보급되었고, 이와 더불어 기독교가 전파되었다. 또 책을 읽으면서 혼자 생각할 시간이 많아지면서 개인주의가 발달하고 민족주의가 생겨나게 되었다.

4. 전기·전자 시대(Electric Age)

전신과 전기 기술이 지배하는 시대로 오늘날을 일컫는다. 전자 및 무선 통신 인터넷, 과학 기술의 발달로 세계는 하나로 이어졌고, 매클루언은 이를 '지구촌(global village)'이라고 불렀다. 매클루언의 예언대로 사람들은 인터넷을 통해 가상 공간에서 만나고 서로의 생각을 주고받게 되었다.

"우아! 미디어를 기준으로 하면 역사가 이렇게 구분될 수도 있네요. 매클루언이 마치 역사가인 것 같아요."

"매클루언의 이론은 전기 · 전자 시대와 관련이 많단다. 지구촌이라는 말을 처음 사용했고, 인터넷으로 세상 사람들이 하나가 될 것이라고 예언했기 때문이지. 매클루언은 원시 시대처럼 인간의 감각이 균형을 이루고 인류가 하나가 되는 것을 꿈꿨어. 즉, 인간이 시각, 청각, 후각, 촉각, 미각을 모두 사용해야 균형 있는 거라고 생각했단다."

"아! 이제 매클루언이 텔레비전을 예찬한 이유를 알겠어요. 텔레비전을 보면 우리의 감각이 두루두루 사용되잖아요."

"그래, 맞다. 텔레비전은 오감을 자극해서 온몸에 골고루 자극을 준단다. 오감을 골고루 사용하던 인류는 문자 시대와 인쇄 시대를 거치면서 시각에 집중하게 되었어. 하지만 텔레비전이 등장하면서 현대인들은 다시 오감을 사용하게 된 거지. 이런 점에서 매클루언은 텔레비전을 긍정적으로 보고, 인간이 미디어를 통해 시간과 공간을 넘어 원시 시대처럼 하나가 될 수 있다고 믿었어."

"그럼 매일 텔레비전을 봐야겠네요."

"호호호, 우현이처럼 생각하는 사람들이 많아질까 봐 많은 이론가들이 매클루언을 비판하고 있지. 매클루언이 텔레비전을 너무 긍정적으로 봤다는 이유에서 말이야."

"하지만 '바보상자'라고 하기엔 텔레비전이 우리에게 주는 좋은 영향도 많잖아요?"

"엄마도 그렇게 생각해. 그렇지만 매클루언 역시 텔레비전을 하루 종일 보라고 하지는 않았어. 오히려 인간의 지각

구조를 바꿀 정도로 강력한 미디어의 위력에 대해 경고하고 있지."

　나도 텔레비전의 위력이라면 잘 알고 있어요. 잘 알고 있는 정도가 아니라 직접 경험한 적도 한두 번이 아니에요. 월요일부터 토요일까지 학교와 학원에 다니다가 모처럼 일요일을 즐겁게 보내려고 하면 텔레비전이 어느새 나의 일요일을 빼앗아 버려요. 일요일에 전원을 켜는 순간 텔레비전은 나를 꼼짝 못 하게 하는 것이지요.

　시험 때 텔레비전의 위력은 더 크게 발휘돼요. 시험을 보고 집으로 돌아오면 침대보다 텔레비전의 유혹이 더 크게 느껴지거든요. 그 간질간질함을 참지 못하고 텔레비전의 전원 버튼을 누르면 텔레비전은 기다렸다는 듯이 나를 잡아끌어요.

　"우리는 흔히 텔레비전에 유익한 내용을 담으면 인간에게 유익한 것이고, 폭력적인 내용을 담으면 사회에 해악이 되는 것이라고 말하지. 텔레비전 그 자체가 유익하거나 무익한 것은 아니기 때문에 텔레비전의 내용을 잘 규제하면 된다고 생각하고 있어. 그러나 매클루언은 내용이 문제라기보다는 텔레비전 그 자체가 문제라고 생각했단다. 내용이 어떻든 간에 텔레비전이라는 미디어의 특성이 문제라는 거지. 결국 텔레비전 방송 시간을 규제한다거나 내용을 규제한다는 것은 아무 의미가 없다는 게 매클루언의 생각이야."

"그럼 텔레비전으로 인해 생기는 문제는 텔레비전이 없어지기 전에는 계속 생길 수밖에 없는 거네요. 그렇다고 모든 텔레비전을 다 없앨 수도 없잖아요. 텔레비전의 이러한 문제를 해결할 수 있는 미디어는 없을까요? 엄마는 앞으로 어떤 미디어가 나올 거 같으세요?"

"글쎄다. 우리의 몸을 생각하면 새로운 미디어를 떠올릴 수 있겠지. 아마도 더 잘 볼 수 있고, 더 잘 들을 수 있고, 한층 더 몸으로 느낄 수 있는 것이 될 거야. 그리고 아빠만 아는 비

네 생각은 어때?

우리는 흔히 텔레비전을 '바보상자'라고 낮춰서 말해요. 텔레비전이 옳은지 그른지에 대한 분별력을 시청자에게 요구하지 않고 맹목적으로 보게 만들기 때문이지요. 하지만 매클루언은 텔레비전을 훌륭한 미디어라고 평가해요. 여러분이 생각하는 텔레비전의 장점과 단점은 무엇인지 적어 보세요.　　　　　　　　▶풀이는 160쪽에

밀 이야기들을 엄마도 알 수 있게 하는 미디어가 나오지 않을까?"

　엄마는 이 말씀을 하시면서 안방으로 들어가셨어요. 무슨 의미일까요? 나는 한참을 고민했어요. 그렇다면…… 뜨아! 아빠가 비밀을 폭로해 버린 걸까요? 이 일을 어떻게 하지요? 기억을 지워 버리는 미디어는 어디 없을까요?

철학자의 생각

미디어는 메시지다

미디어 형식이 메시지 내용에 영향을 준다

　매클루언의 매체론은 '미디어는 메시지다.'라는 말로 명쾌하게 정리할 수 있어요. 음식을 먹을 때 똑같은 음식이라도 다른 그릇에 담겨 있으면 다르게 느껴지듯, 우리가 전달하고자 하는 내용도 형식이 편지냐, 메일이냐, 문자 메시지냐에 따라 달라질 수 있어요.

　지금까지는 매체가 전달하는 '내용'이 메시지라고 믿어 왔는데 '매체 자체가 메시지.'라는 매클루언의 주장은 우리의 상식을 벗어나죠. 의사소통에 어떤 수단을 쓰느냐가 소통의 내용을 크게 좌우한다는 거예요. 어떤 미디어인가에 따라 말이 지닌 메시지는 제각각 달라지며 수용자가 세계를 인식하는 방식도 달라진다는 거예요.

　그래서 메시지라는 것은, 미디어를 통해 흘러나오는 '내용'이 아니라 바로 '미디어 그 자체'예요. 미디어가 담고 있는 내용은 미디어에 종속된 것일 뿐이에요. 정치인의 연설을 현장에서 직접 들을 때와 신문 기사로 읽을 때, 텔레비전 뉴스로 볼 때는 분명 차이가 있다는 걸 여러분도 알 수 있을 거예요. 전화 문자 메시지로 보면 더욱 다르겠죠. 즉 표현 내용이 표현 형식을 벗어나 따로 존재할 수 없다는 것을 의미해요.

매클루언은 『미디어의 이해』에서 커뮤니케이션을 지배하는 미디어의 종류에 따라 인류 역사를 4단계로 구분했어요.

첫 번째 단계는 말을 통해 의사소통을 하던 원시 부족 시대예요. 이때 인간은 모든 감각을 사용할 수 있었죠. 두 번째 단계는 문자가 발명되면서 말보다 글을 읽기 위해 눈을 사용했던 시기예요. 따라서 듣는 것에서 보는 것으로 커뮤니케이션의 비중이 바뀌었어요. 세 번째 단계는 손으로 쓰던 책(필사본)을 인쇄로 찍게 되면서 큰 변화를 맞은 시대인데요. 구텐베르크가 활판 인쇄술을 발명한 후 시각에 의존하게 되면서 개인주의와 민족주의도 발달하게 되었어요. 네 번째 단계는 전기·전자 매체의 시대로, 텔레비전과 라디오, 인터넷의 사용이 중요해진 시대예요.

미디어는 인간이 잃어버린 오감을 되살린다

　매클루언은 텔레비전이 가져온 큰 변화에 주목했어요. 텔레비전이 가져온 감각의 변화에서 가장 중요한 것이 시각과 촉각이라면, 텔레비전은 바로 촉각을 되살리는 매체예요. 인쇄술이 발달했던 시절에는 시각과 함께 선형성(책을 처음부터 순서대로 읽어 나가는 것)이 요구되었다면, 전자 시대에는 촉각성이 강조되었어요. 적절한 비율로 구성된 감각들이 적절히 상호 작용을 할 때, 텔레비전은 오감의 균형을 회복시켜 줄 전자 미디어가 될 수 있어요. 책이 지배하던 시대가 시각을 주로 사용했다면, 이제는 오감을 모두 사용하는 시대로 회귀한 것이죠.

　매클루언은 모든 감각을 두루 사용했던 원시 시대로 돌아가 인류가 하나로 통일될 수 있다는 가능성을 낙관하며, 시간과 공간을 넘어 하나가 되는 세상을 '지구촌'이라 불렀답니다.

　매클루언은 인쇄술이 발달하면서 인간은 원시인처럼 말을 통해 소통하던 생생함을 잃었다고 보았어요. 문자 문화는 인간의 감각 비중을 시각으로 획일화했다고 부정적인 해석을 했지요. 그래서 매클루언은 오늘날의 전자 미디어가 잃어버린 원시인의 생명력을 되살릴 수 있는 커뮤니케이션 미디어라고 기대했어요.

즐거운 독서 퀴즈

1 방송국 PD인 우현이 아빠는 매클루언의 주장을 다음과 같이 설명하고 있어요. 여기서 매클루언의 핵심적인 주장은 무엇일까요? (   )

> "그래, 매클루언은 미디어를 통해 전달되는 내용보다 어떤 미디어를 통해 전달하느냐 하는 형식을 중요시했어. 같은 내용이라도 미디어가 달라지면 사람들은 모두 다른 내용이라고 인식한단다. 예를 들어 아빠가 연예인에 대해 이야기해 주는 것과 그 이야기를 텔레비전에서 듣는 것, 인터넷으로 보는 것이 다 다르게 느껴진다는 말이야. 설사 그 내용이 조금도 다르지 않더라도 받아들이는 사람은 똑같다고 느끼지 않는단다."

❶ 미디어는 진보한다.
❷ 미디어는 메시지다.
❸ 미디어는 몸의 확장이다.
❹ 미디어는 마사지다.

정답

❷ 미디어는 메시지다.

2 다음은 매클루언이 미디어의 변화에 따라 구분한 인류 역사의 4단계예요. 네 가지 시대에 맞는 설명을 찾아 괄호 안에 번호를 써 보세요.

구어 시대 ( )   인쇄 시대 ( )

문자 시대 ( )   전기·전자 시대 ( )

❶ 전기 및 전자 기술의 진보로 무선 통신, 인터넷, 과학 기술이 발달하여 가상 공간에서도 전 세계가 연결되는 시대
❷ 구텐베르크가 발명한 인쇄술로 알파벳이 전 세계로 보급되면서 기독교가 전파되고 개인주의와 민족주의가 발생한 시대.
❸ 문자(한자와 알파벳)를 사용한 글 읽기를 통해 감각이 청각에서 시각으로 넘어가는 시대.
❹ 말로 생각을 전달하고 시각, 청각, 후각, 촉각, 미각의 오감을 모두 사용한 원시 부족 시대.

정답
구어 시대 (❹)   인쇄 시대 (❷)
문자 시대 (❸)   전기·전자 시대 (❶)

모든 매체는 우리를 철저하게 주무른다.
— 마셜 매클루언

4
뜨거운 미디어와 차가운 미디어

기술이 발달할수록 사람도,
감각도 변할 거라는 아빠의 말씀.
정보가 넘치는 핫 미디어가 발달하면서
더 편하게 정보를 구하는 시대가 올 거란다.
그래서 미디어는 메시지가 중요하다!
그나저나 은영이에게 어떤 메시지를 전하지?
정성스럽게 손 편지를 쓴 우현이.
은영이는 결국 그 마음을 받아 준다.
역시 메시지에 마음을 담아야 해!

미디어는 마사지다

월요일 아침이에요. 우리 집은 아침마다 전쟁이에요. 엄마 아빠는 출근하느라 바쁘고요, 나는 학교 갈 준비로 정신이 없어요. 오늘 학교에 가면 은영이를 보게 될 거예요. 얼마나 많이 화가 나 있을까요? 설마 나를 모르는 척하지는 않겠죠? 나는 이런저런 생각을 하면서 옷을 입고 있었어요. 그런데 여기저기에서 나를 찾는 목소리가 들렸어요.

"우현아, 아빠 면도기 어디 있니?"

"아빠도 참, 그걸 제가 어떻게 알아요?"

"우현아, 엄마 머리빗 좀 갖다 줄래?"

"네, 엄마. 잠깐만 기다려 주세요. 아빠 면도기 먼저 찾아

드리고 갈게요."

　이렇게 한바탕 전쟁을 치르고 나서 우리는 모두 같은 차를 타고 회사와 학교로 향해요. 엄마가 가장 먼저 내리기 때문에 우리는 늘 엄마 회사까지 함께 가요.

　"우리 우현이는 여자 친구 없니?"

　차에 올라타자마자 뜬금없이 엄마가 물었어요.

　"여…… 여자 친구요?"

　"그래, 요즘 애들은 유치원 다닐 때부터 여자 친구가 있다고 하더구나. 뭐 건전하게 교제를 한다면야 이성 친구가 있는 것도 괜찮지. 그런데 가끔 엄마를 속이고 여자 친구를 먼저 챙기려는 아들들이 있다고 하더라고. 하여튼 부부 간에 거짓말하는 거랑, 부모 자식 간에 거짓말하는 건 나쁜 거야. 그렇지 않아요, 여보?"

　엄마가 뭔가 알고 하시는 말씀일까요? 어제 아빠가 잠깐 실수한 걸 힌트 삼아 추측하는지도 모르지요. 아니면 예상대로 아빠가 비밀을 폭로한 걸까요? 엄마의 질문에 아빠는 묵묵부답이네요. 그러다가 갑자기 아빠가 화제를 돌렸어요.

　"우현아, 어제 아빠가 이야기를 다 못 한 것 같은데 매클루언 이야기는 다 끝났니?"

아휴, 역시 우리 아빠는 멋져요. 순간적으로 매클루언 이야기를 꺼내는 이 센스!

"어제는 텔레비전을 보는 게 건강에 좋다는 이야기까지 했었어요."

"텔레비전을 보는 게 건강에 좋다고?"

"네, 텔레비전을 통해 오감이 자극되어 인간의 감각이 균형을 이룰 수 있다고 하셨어요."

"아아, 그 이야기를 했구나. 그러면 '미디어는 마사지다.'라는 얘기도 했니?"

"아니요, '미디어는 메시지다.'라는 얘기는 했는데 '미디어는 마사지다.'라는 말도 있나요?"

"그래, 미디어를 이용하다 보면 우리의 감각이 자극을 받게 되는데, 미디어에 따라 자극받는 부분도 달라지게 된단다. 신문을 보면 눈이 자극을 받고, 라디오를 들으면 귀가 자극을 받고, 텔레비전을 보면 눈과 귀가 동시에 자극을 받게 되는 거지. 그래서 미디어가 바뀌면 우리의 인식도 바뀐다고 하는 거야."

"마사지는 엄마가 하시는 건 줄 알았는데 우리도 매일 하고 있었네요."

"하하하, 그런 셈이 되겠구나."

"아빠, 저는 특히 맛집 소개하는 프로그램을 볼 때 그런 것 같아요. 음식을 눈으로 보면서 요리하는 과정을 귀로 들으면 음식 냄새가 나는 것 같기도 하고, 입에 침이 막 고이고, 정말 텔레비전을 온몸으로 느낄 수 있어요."

"그래서 매클루언은 의사소통에 어떤 수단을 쓰느냐에 따라 우리의 자극이 달라져서 의사소통의 내용 또한 크게 바뀔 수 있다고 주장했어. 같은 내용이라도 말소리로 드느냐 글자로 보느냐에 따라 달라지잖니."

"네, 말로 들으면 말하고 듣는 순간에만 그 내용이 존재하고, 글자로 써 두면 그 내용이 항상 존재하니까요. 국어 시간에 선생님께서 직접 경험하신 사례를 자세히 설명해 주셨는데요, 국어 선생님은 그 일을 통해 어떻게 전달하는가도 매우 중요하다는 것을 깨닫게 되셨대요."

"국어 선생님은 어떤 경험을 하셨는데?"

"선생님이 여자 친구에게 '사랑해.'라고 말을 했을 때는 '응, 나도.'라고 하거나 '나도 사랑해.'라는 대답이 왔대요. 그런데 우연히 한 학생이 준 카드에다 '사랑해.'라고 적어 주었더니 눈물을 글썽여서 깜짝 놀랐다고 하셨어요."

"그랬구나. 미디어에 따라 상대방이 받는 자극이 달라지기 때문이야. 의사소통의 내용 자체도 중요하지만 미디어가 달라지면서 그 소통의 내용도 다르게 느껴지는 거지."

나는 그때 은영이가 왜 편지를 고집했는지 그 이유를 정확히 알 수 있었어요. 단순히 편리함과 불편함의 문제가 아니었어요. 같은 말이라도 말로 듣는 것, 문자 메시지로 보는 것, 편지나 카드로 읽는 것이 다 다르다는 말을 충분히 공감할 수 있게 되었어요. 내용도 중요하지만 그 내용이 담긴 형식, 즉 전달 매체인 미디어의 특성이 각기 다르기 때문에 우리가 느끼는 자극도 다르다는 것을…… 진작 이걸 깨달았다면 외할머니가 애지중지하시던 보물 상자를 나도 직접 만들어 볼 생각을 했을 텐데, 하는 생각에 가슴이 아팠어요.

뜨거운 미디어와 차가운 미디어

"이해완! 같이 가!"

학교 교문에 들어서는데 해완이가 몇 발자국 앞서 가는 것이 보였어요. 그래서 얼른 해완이를 불렀어요.

"어, 우현아. 너 어떻게 된 거야?"

"응? 뭐가? 내 얼굴에 뭐라도 묻었어? 에, 또 형님의 잘생긴 얼굴에 아침부터 반한 거야? 그런 거야?"

"아니, 그게 아니라 어제 우리 부모님이랑 외식했거든. 근데 그 음식점에 너희 부모님이랑 다른 어른들이 같이 계시더라고. 그래서 얼른 인사를 했더니 너희 엄마가 나한테 생일 축하한다고 하시는 거야. 재미있게 잘 놀았냐고."

"응? 그래서 뭐라고 했어?"

나는 깜짝 놀란 나머지 다급하게 물었어요. 해완이의 대답 하나에 천국과 지옥이 결정되는 순간이니까요.

"뭐라고 하긴, 당연히 내 생일은 벌써 석 달 전에 지났다고 말씀드렸지."

갑자기 마른하늘에서 날벼락이 떨어지는 것만 같았어요. 석. 달. 전. 이 세 글자가 어찌나 야속한지 모르겠어요. 나는 거의 울상이 되었어요.

"배우현! 너 얼굴이 왜 그래? 내가 뭐 실수한 거야?"

"아니야……."

'설상가상'이고 '엎친 데 덮친 격'이라더니. 나를 두고 하는 말 같아요. 은영이와 싸우고, 엄마한테 거짓말하고, 결국은 들키고야 말았어요. 그래서 엄마가 거짓말하는 아들 이야기를 하셨구나. 잠깐! 그런데 여자 친구에 대해서도 말씀하신 거 같은데……. 내가 거짓말한 것을 엄마가 아셨다고 해도 여자 친구가 있다는 건 아실 수가 없을 텐데요.

"왜? 무슨 일인데?"

"에이, 아무것도 아니야. 빨리 들어가자."

나는 빨리 들어가자는 말과 달리 발걸음이 엄청 무거웠

어요. 이번 주 동안 내 자리로 정해진 책상에 책가방을 내려놓으려는데 책상 위에 편지 한 장이 있었어요. 뭐지? 잘못 온 편지가 아닐까? 일단 자리에 앉아 편지 봉투를 뜯어보았어요. 나한테 온 것이 맞을까? 이 야릇한 기분이 썩 나쁘지만은 않았어요. 오랜만에 받아 보는 손 편지. 이 따뜻한 기분! 이것이 미디어의 차이에서 오는 감동인가 봐요.

봉투를 뜯고 편지지를 꺼내려는 순간 우리 반의 게임 대장 정수가 게임기를 내밀었어요. 정수는 게임을 잘해서 게임 대장이 아니라 게임기를 많이 가지고 있어서 붙여진 별명이에요. 나는 정수 덕분에 새로운 게임을 할 수 있어서 좋았어요.

"우현아, 이거 어제 산 게임기인데 네가 한번 해 봐. 나는 아무리 해도 잘 안 돼."

"그래, 그럼 실력 발휘 좀 한번 해 볼까?"

나는 편지를 서랍 속에 넣어 두고 게임을 시작했어요. 반 아이들이 왁자지껄 내 주변으로 몰려들었어요. 담임 선생님이 들어오실 때까지 우리 반은 정수의 새 게임기 때문에 정신이 없었어요.

담임 선생님이 들어오시면 우리들은 일사천리로 책상과

책가방을 정리해요. 정리가 끝나면 바로 오전 독서 시간이 시작되기 때문이에요. 나는 아빠가 빌려 준『매클루언과 미디어』라는 책을 펼쳐 보았어요.

미디어에는 핫 미디어와 쿨 미디어가 있다. 핫 미디어는 고밀도로 만들어져서 자료가 충분히 충족되어 있는 것을 의미한다. 예를 들어 사진과 만화 중에서는 사진이 핫 미디어에 속한다. 사진은 우리에게 많은 시각적 정보를 제공하기 때문이다. 이 밖에도 핫 미디어에는 책, 신문 등이 포함된다.

만화도 책으로 되어 있긴 하지만 만화책에 있는 그림은 사진에 비해 정보가 적기 때문에 쿨 미디어에 속한다. 우리는 만화를 보면서 만화책에 나와 있지 않은 부분을 추리하고 상상하는 능력이 필요하다. 그러한 맥락에서 보면 그림도 쿨 미디어에 속한다고 할 수 있다.

핫 미디어와 쿨 미디어를 나누는 또 다른 기준은 참여도이다. 핫 미디어는 대중의 참여도가 낮고, 쿨 미디어는 대중의 참여도가 높다. 예를 들어 책은 핫 미디어이고, 회화

> 는 쿨 미디어이다. 책은 그 내용을 읽고 혼자 이해하면 되지만 회화는 작가의 의도와 시대적 배경 등을 종합하여 작품의 의미를 파악하고 상상해야 하기 때문이다.

아, 미디어를 뜨거운 것과 차가운 것으로 나누기도 하는군. 그런데 우리가 평소에 쓰는 '뜨겁다.'와 '차갑다.'의 의미는 아니네요. 미디어를 사용할 때 열이 나서 뜨거워지는 것을 뜨거운 미디어라고 하는 줄 알았는데.

그렇다면 아까 정수가 빌려 준 게임기는 뜨거운 미디어일까요, 차가운 미디어일까요? 참여도 면에서 보면 게임기는 차가운 미디어에 속할 것 같아요. 우리가 직접 눈으로 보고 귀로 들으면서 게임을 해야 하니까 참여도가 높아지겠지요. 그럼 휴대전화는? 휴대전화도 역시 차가운 미디어일 것 같아요. 게임기처럼 사람들의 참여가 많이 필요하기 때문이에요. 라디오는 어떨까요? 라디오는 뜨거운 미디어라고 자신 있게 말할 수 있어요. 왜냐하면 라디오는 듣기만 하면 되니까요.

그렇다면 텔레비전은? 오옹? 텔레비전은 조금 어려워요.

일단 텔레비전은 사진이나 영화처럼 고밀도의 영상을 보여 주지 못하고, 화질이 좋지 못하니까 차가운 미디어겠죠? 우리가 자주 사용하는 컴퓨터는 어디에 속할까요? 컴퓨터로는 메일도 보내고, 동영상도 보고, 음악도 듣고, 이렇듯 컴퓨터는 여러 가지로 활용 가능하니까 차가운 미디어에 해당될 것 같아요. 아니다. 컴퓨터에는 자료가 엄청나게 많이 충족되어 있으니까 뜨거운 미디어에 속할 것도 같아요. 이렇게 책에서 읽은 내용을 요리조리 따져 보니까 괜히 내가 대단한 사람 같고 똑똑해지는 것 같아서 기분이 이상했어요.

"배우현!"

"……."

"배우현! 얘가 오늘은 참 이상하네."

고개를 들어 보니 독서 시간이 끝나고 쉬는 시간이었어요.

"어? 해완아, 벌써 독서 시간이 끝났네."

"뭘 그리 생각하느라고 쉬는 시간이 된 것도 모르냐?"

"해완아! 이러다가 나 너무 똑똑해지면 어떡하지?"

"왜 또 자다가 봉창 두드리는 소리야?"

"내가 머릿속으로 자습을 했는데 나는 아무래도 천재 같다는 생각이 든다."

"천재고 만재고 간에 너 은영이랑 싸웠냐? 만날 붙어 다니며 알콩달콩하시더니 오늘은 왜 이렇게 냉전이야?"

"그게 말이다……."

나는 해완이에게 아빠에게 말씀드렸던 이야기를 거의 그대로 해 주었어요.

"이그, 네가 아빠를 너무 믿었네."

"응?"

"더 들을 것도 없이 딱 상황을 보니 네 아빠가 이미 엄마한테 말씀을 드린 거네 뭐."

"우리 아빠가? 에이, 그럴 리 없어. 지난 일요일에 사나이 대 사나이로 약속까지 했는걸. 게다가 문제를 말끔하게 해결해 주신다고 그러셨어."

네 생각은 어때?

매클루언이 설명한 핫 미디어와 쿨 미디어를 잘 읽어 보고, 여러분이 이해하는 핫 미디어와 쿨 미디어는 무엇인지 실제 예를 들어 설명해 보세요. ▶풀이는 161쪽에

"순진한 녀석, 아빠들은 모두 엄마한테 꼼짝 못 하게 되어 있어. 그리고 나 때문에 거짓말인 거 이미 탄로 났잖아. 너희 아빠가 '에라 모르겠다.' 하고 다 말해 버리셨는지도 모르지."

"정말 그럴까? 나도 그렇게 생각하고는 있었지만……."

미디어는 뜨겁게, 사람은 차갑게

"아빠, 아빠!"

나는 학원을 마치고 집에 들어가자마자 아빠를 불렀어요. 아빠는 소파에 앉아서 텔레비전을 보고 계셨어요.

"아빠, 어떻게 그러실 수가 있어요? 아빠는 정말 사나이도 아니에요!"

"아빠가 뭘?"

아빠는 세상에서 가장 순진한 표정을 지으며 나에게 되물으셨어요.

"아빠가 엄마한테 다 말씀하셨지요?"

"응, 그랬다."

"어떻게 그러실 수가 있어요? 나는 아빠한테만 몰래 말씀드린 건데."

나는 너무 억울해서 눈물이 다 찔끔 나오려고 했어요. 그때 어디선가 익숙한 목소리가 들려왔어요.

"우현아."

이건 누구 목소리지? 어디에서 많이 듣던 목소리 같은데…… 우리 엄마 목소리는 이렇지 않은데…… 나는 우선 소리가 나는 쪽으로 고개를 돌렸어요. 그런데, 뜨아! 거기에 은영이가 서 있는 게 아니겠어요? 나는 눈을 비비고 은영이를 다시 봤어요.

"네가 어떻게……."

"거 봐라. 아빠가 해결해 준다고 했잖아. 얘는 아빠를 못 믿고 그래. 하하하!"

"우현이 너 이제 오는 거야? 너 기다리는 동안 네 방 구경하고 있었어."

"내 방? 안 되는데…… 그럼 은영아 너…… 그것도 봤어?"

"응, 진작에 그럴 것이지."

실은 어젯밤 내내 은영이에게 줄 편지를 쓰다가 책상 위에 그냥 두고 학교에 갔어요. 그걸 은영이가 본 모양이에요.

은영이의 얼굴에 미소가 가득해요. 편지에는 내가 매클루언을 알게 되면서 느끼게 된 것들, 외할머니 전화를 받고 난 후에 손으로 쓰는 편지가 얼마나 마음을 따뜻하게 하는지 알게 되었다는 이야기, 그리고 보고 싶다는 말들이 구구절절 쓰여 있거든요. 나는 조금 부끄러웠어요.

"그러는 너는 내 편지 읽었어?"

"편지?"

"응, 내가 네 책상 위에 올려 두었는데."

아뿔싸! 정수가 게임기를 내미는 바람에 나는 그 편지를 읽지도 않고 그냥 서랍 안에 넣어 두었어요. 이걸 어쩌면 좋지요? 또 거짓말을…….

"그럼, 읽었지. 읽었고말고. 나 엄청 감동받았어. 정말 고마워, 은영아!"

"감동까지는 뭐. 그냥 뜨거운 미디어가 차가운 미디어로 변할 수 있다고 한 말에 다시 한번 생각해 본 건데 뭐."

역시 그랬어요. 은영이도 매클루언을 알고 있었어요.

"너도 매클루언을 알아?"

"응, 내가 편지에 썼잖아. 너희 아빠가 나한테 메일을 보내서서 이런 이야기들을 해 주셨다고 말이야. 그때 알았지.

꼭 손 편지가 아니더라도 마음이 전해질 수 있는 거라고."

"그런데 뜨거운 미디어가 차가운 미디어로도 변할 수 있다고? 우리 아빠가 그러셨어?"

"응. 그렇죠, 아저씨?"

"그래, 저 텔레비전을 봐라. 요즘에 나오는 텔레비전은 고화질 텔레비전이라고 해서 영화 못지않게 화질이 좋아졌지? 또 브라운관이 평면화되어서 일부분이 일그러지는 현상도 거의 없어졌고 말이다. 이렇게 텔레비전의 화질이 좋아지면 텔레비전은 차가운 미디어가 아니라 뜨거운 미디어가 되는 거란다."

"결국 과학 기술이 발전하면 차가운 미디어가 뜨거운 미디어로 변하게 된다는 말이네요."

"그렇지, 하지만 매클루언은 반대로 뜨거운 미디어가 차가운 미디어로도 변할 수 있다고 주장했어. 예를 들어 라디오는 뜨거운 미디어에 해당되지만 요즘은 청취자의 전화를 받거나 인터넷 게시판, 문자 메시지에 적힌 내용을 소개해 주기도 하지. 이런 참여가 많아지면 라디오는 차가운 미디어가 될 수도 있어. 물론 매클루언의 주장은 미디어가 결합하여 뜨거운 미디어로 진행된다는 데에 더 초점이 맞춰져 있단다. 그러면 우리들은 미디어를 통해 더 자세한 정보를 아주 충분히 얻을 수 있게 되겠지. 또 적극적으로 참여할 필요 없이 미디어가 주는 정보를 편하게 이용하면 되는 거야. 때문에 앞으로 미디어가 발달하면 할수록 인간은 점점 더 수동적으로 변하게 될 거다."

"그렇게 되면 지구에는 비만 인구가 점점 더 늘어나겠네요. 지금도 사람들이 편리한 것을 너무 좋아해서 나날이 뚱뚱해지고 있잖아요."

역시 우리 은영이는 예쁜 데다가 똑똑하기까지 해요. 나도 질세라 한마디 거들었어요.

"또 너무 미디어에 의존하게 되지는 않을까 걱정이에요. 지금도 우리들을 빠져들게 만드는 미디어가 엄청나게 많잖아요. 저는 텔레비전 때문에 시험을 망친 적도 많이 있어요."

"그렇지만 과학 기술이 발전하는 한 앞으로도 미디어는 계속 만들어질 것이고, 그 미디어는 뜨거운 미디어일 확률이 높을 거야. 우리들은 새로운 미디어 덕분에 더욱더 편리한 생활을 할 수 있겠지. 우리가 아무리 그 흐름을 막으려 해도 미디어는 점점 더 뜨겁게 변하고 사람들은 점점 차갑게 변할 거다."

어찌 됐든 오늘도 나는 매클루언에 대해 많은 공부를 하게 되었어요. 더 즐거운 일은 나와 은영이가 예전처럼 다시 가까워졌다는 거죠.

"자, 저녁 먹자. 은영이는 부모님께 말씀드리고 왔지?"

"네."

"우리 거짓말쟁이 아들도 얼른 손 씻고 와야지?"

나는 부끄러워서 고개를 들 수가 없었어요. 하지만 여느 때보다도 기쁜 저녁 식사 시간이에요. 한자리에 모인 엄마 아빠, 나, 은영이. 나는 나중에 은영이가 내 색시가 되어 매일 이렇게 같이 밥을 먹었으면 참 좋겠다고 생각했어요. 그렇게 되면 매일 손 편지를 써 줄 수도 있을 것 같아요. 이런 생각을 하고 있는데 은영이가 갑자기 귓속말을 해요.

"너 정말 내 편지 읽었어?"

"어…… 그러엄!"

메시지에 마음을 담다

　나는 아빠와 〈2050〉이라는 영화를 보았어요. 〈2050〉은 블록버스터 영화의 거장이 만든 재난 영화예요. 2050년에 지구가 환경 오염으로 사막화와 기상 이변에 시달리고, 남극의 빙하가 급속도로 녹아내리는 위기에 처하면서 벌어지는 이야기예요. 세계 모든 나라들은 지구가 온통 물바다가 되는 것을 막기 위해 온 힘을 기울이지만 결국 최후의 수단인 '노아의 방주'를 선택하고, 각 나라의 대표가 될 만한 사람들을 뽑아 우주로 보내게 되죠. 마지막 장면에서 주인공이 '노아의 방주'에 탑승한 대표자와 교신을 마치고 지구의 종말을 맞이했을 때에는 코끝이 찡해지기도 했어요.

영화는 굉장히 재미있었어요. 지구의 현실적인 문제를 다루고 있어서 관심 있게 보게 되었고, 이야기의 전개 속도도 빨라서 긴장감을 늦출 수 없었어요.

하지만 한창 영화에 빠져들었다가도 미디어와 관련된 것들이 나오면 자꾸 그쪽으로 초점이 맞춰졌어요. 아마 요즘에 매클루언에 대해 너무 많이 듣고 공부를 해서 그런가 봐요.

"오랜만에 재밌는 영화 잘 봤다. 근데 무슨 사람이 이렇게 많아?"

영화를 보러 들어갈 때는 잘 몰랐는데 극장 안에 사람이 엄청나게 많이 있었던 모양이에요. 영화를 보고 나오는 사람들로 극장 안이 아주 혼잡했어요. 영화표를 끊기 위해 기다리는 사람들, 팝콘이나 음료수를 사려는 사람들로 붐볐어요.

영화관을 빠져나오면서 아빠가 말씀하셨어요. 예전에는 영화를 보는 것이 일상을 벗어나 즐기는 여가 생활이었지만, 요즘은 밥 먹고 잠자는 것처럼 일상생활이 되었다고 말이에요.

아빠가 어렸을 때에는 학교에서 만화 영화를 단체 관람하는 행사가 있었다고 해요. 그날이 되면 영화를 볼 차례가 된 반의 모든 학생들은 쉴 새 없이 재잘거리며 영화관으로 향했고, 다음 차례를 기다리는 반의 학생들은 영화를 관람하는 날이 돌아오기를 생일보다 더 애타게 기다렸대요.

지금은 영화를 제작하는 기술도 발전하고 영화관도 흔해져서, 할 일이 없거나 심심할 때 언제든지 영화를 볼 수 있고, 친구를 만나 영화관으로 놀러 갈 수도 있게 되었어요.

"자, 이걸로 알아맞히기 게임에서 이긴 상은 끝난 거다."

"에이, 이런 게 어딨어요? 내가 상으로 무얼 받아야 할지 얼마나 고심했는데. 안 돼요. 이건 무효예요."

"재미있게 봐 놓고 딴소리하기는. 그러지 말고 저쪽에 있는 서점에나 잠깐 들를까?"

아빠는 얼른 서점 쪽으로 발길을 돌리셨어요. 나도 어쩔 수 없이 아빠의 뒤를 따랐어요.

아빠와 나는 영화관 밑에 있는 서점으로 향했어요. 서점 한쪽에는 문구와 아이디어 상품을 파는 코너가 있었는데 신기한 것들이 많아 전에도 가끔 구경을 오곤 했어요.

오늘은 문구 코너 쪽에 있는 편지지와 카드를 구경했어요. 편지지는 참으로 다양했어요. 캐릭터가 그려진 것도 있었고, 좋은 시 구절이 담겨 있는 것도 있었어요. 나는 재미있는 글이 적힌 신문 형식의 편지지를 골랐어요. 은영이 마음을 상하게 한 일을 반성하며 내 마음을 다시 한번 전해 줄 생각이에요.

또 외가에 보낼 카드도 샀어요. 카드 앞면에는 한복을 곱게 차려입은 남자아이가 저 멀리 보이는 마을로 연을 띄워 보내고 있었어요. 그 아이처럼 나도 여러 가지 소식을 담아 외할머니, 외할아버지께 띄워 보낼 생각이에요.

나는 은영이에게 문자 메시지를 보냈어요. 생일 때 전해 주지 못한 선물을 이제는 흔쾌히 받아 주겠지요?

> 은영아,
> 마음을 담은 선물이
> 무엇인지 이제 알았어.
> 전해 줄 것이 있는데…….
> 우리 데이트나 한판 할까?
>
> ○/○ △:27pm
> 멋진 우현이
> 123-4567-8910

철학자의 생각

핫 미디어와 쿨 미디어

책, 신문은 핫 미디어 vs 만화, 인터넷은 쿨 미디어

미디어가 몸의 감각 기능을 응용해서 만들어졌다면, 미디어가 인간의 감각에 미치는 영향도 크다고 할 수 있어요. 매클루언은 뜨거운 미디어와 차가운 미디어, 즉 핫 미디어와 쿨 미디어로 미디어를 나누었는데요, 단순히 정보량이 많고 적음에 따라 유형을 나눈 것이 아니라, 정보에 관여하는 사람들의 태도와 방식의 차이에 따라 나눈 거예요.

뜨거운 매체가 이미 주어진 정보를 수동적으로 받아들이게 만드는 일방적인 구조를 가지고 있다면, 차가운 매체는 수용자 자신이 능동적으로 정보 전달에 개입할 수 있는 구조를 가지고 있어요.

뜨거운 매체로는 책, 신문, 사진과 같은 인쇄물과 연설, 라디오,

영화 등이 있고, 차가운 매체로는 전화, 텔레비전, 만화 등이 있어요. 뜨거운 미디어는 단일한 감각을 고밀도(high definition)로 확장시키는 미디어예요. 고밀도란 데이터로 가득 찬 상태인데, 예를 들어 시각적인 측면에서 사진은 감각적 밀도가 높은 고밀도의 매체이고 만화는 저밀도의 매체예요.

뜨거운 매체는 이용자가 채워 넣거나 완성할 것이 없어 참여도가 낮아요. 라디오 같은 경우에는 정보가 많아 경험을 시각화하기가 쉬워요. 하지만 차가운 미디어인 전화는 이용자의 적극적인 참여가 이루어져야 청각적인 데이터가 형성될 수 있어요.

참여도가 낮은 핫 미디어 vs 참여도가 큰 쿨 미디어

뜨거운 미디어는 정보에 충실하기 때문에 인간을 수동적으로 만들고, 차가운 미디어는 인간을 능동적으로 만들어요. 즉 차가운 미디어는 정보에 충실하지 않기 때문에 수용자가 능동적으로 참여할 여지가 많은 반면, 뜨거운 미디어는 정보에 충실하기 때문에 수용하는 사람이 능동적으로 참여할 여지가 적어요. 무엇이 좋고 나쁘다고 할 수는 없어요. 다만 차가운 미디어는 인간의 능동성을 끄집어내고 오감을 활용한다는 점에서 긍정적인 측면이 있죠.

매클루언은 핫 미디어와 쿨 미디어의 구분이 상대적이라고 주장하며, 전기·전자 시대가 발전함에 따라 점차 핫 미디어에서 쿨 미디어로 변모할 것이라고 예언했어요.

　　매클루언은 또 오감 중 시각과 촉각을 가장 중요하게 생각했어요. 책 등의 인쇄물 미디어로 인해 시각만 발달하고 촉각이 사용되지 않는 것을 문제점으로 지적했어요. 매클루언에 따르면 촉각이나 접촉이라는 말은 피부의 문제가 아니라 여러 감각의 상호 작용, 즉 여러 감각들의 마주침이에요. 촉각적이라 함은 여러 감각이 동원되어 대상에 접촉하는 것을 의미해요. 뜨거운 미디어든 차가운 미디어든 상관없이 미디어를 통해 촉각적으로 접하고 인지하는 것이 중요해요. 오랫동안 한 가지 감각만 활용한다면 결코 바람직하지 못한 결과를 불러오니까요.

즐거운 독서 퀴즈

1 우현이 아빠는 매클루언의 주장을 다음과 같이 설명하고 있어요. 여기서 매클루언의 핵심적인 주장은 무엇일까요? (   )

> "그래, 미디어를 이용하다 보면 우리의 감각이 자극을 받게 되는데, 미디어에 따라 자극받는 부분도 달라지게 된단다. 신문을 보면 눈이 자극을 받고, 라디오를 들으면 귀가 자극을 받고, 텔레비전을 보면 눈과 귀가 동시에 자극을 받게 되는 거지. 그래서 미디어가 바뀌면 우리의 인식도 바뀐다고 하는 거야."

❶ 미디어는 진보한다.
❷ 미디어는 메시지다.
❸ 미디어는 몸의 확장이다.
❹ 미디어는 마사지다.

정답

❹ 미디어는 마사지다.

2 다음 제시문은 매클루언이 주장한 핫 미디어와 쿨 미디어에 대한 설명이에요. 괄호 안에 들어갈 말을 적어 보세요.

( )는 고밀도로 만들어져서 자료가 충분히 충족되어 있는 것을 의미한다. 예를 들어 사진과 만화 중에서는 사진이 ( )에 속한다. 사진은 우리에게 많은 시각적 정보를 제공하기 때문이다. 이 밖에도 ( )에는 책, 신문 등이 포함된다.

만화도 책으로 되어 있긴 하지만 만화책에 있는 그림은 사진에 비해 정보가 적기 때문에 ( )에 속한다. 우리는 만화를 보면서 만화책에 나와 있지 않은 부분을 수리하고 상상하는 능력이 필요하다. 그러한 맥락에서 보면 그림도 ( )에 속한다고 할 수 있다.

( )는 대중의 참여도가 낮고, ( )는 대중의 참여도가 높다. 예를 들어 책은 ( )이고, 회화는 ( )이다. 책은 그 내용을 읽고 혼자 이해하면 되지만 회화는 작가의 의도와 시대적 배경 등을 종합하여 작품의 의미를 파악하고 상상해야 하기 때문이다.

정답

핫 미디어-핫 미디어-핫 미디어-
쿨 미디어-쿨 미디어-핫 미디어-
쿨 미디어-핫 미디어-쿨 미디어

네 생각은 어때? 문제 풀이

 38p

미디어를 좁게 보면 신문이나 텔레비전을 들 수 있지만, 넓게 보면 우리 주변에 미디어가 아닌 것이 없습니다. 매클루언은 미디어는 언론 매체만을 의미하는 것이 아니라 옷과 아파트, 도시, 사진, 전화, 무기, 돈 등 인간이 사용하는 모든 도구와 기술을 포함한다고 했어요. 매클루언의 주장대로 하면 인간이 기술을 통해 만든 모든 것이 바로 미디어입니다. 일상생활은 자동차, 전등, 컴퓨터, 휴대전화, 카메라 등 수많은 미디어로 가득하죠. 오히려 미디어가 아닌 것을 찾는 것이 더 어려울 정도입니다.

이 책 속에서 우현이가 가장 많이 사용하는 미디어는 휴대전화와 게임기예요. 하지만 매클루언은 책상이나 연필, 가방, 하물며 옷과 신발도 미디어라고 했으니까 이것들을 다 포함할 수 있을 거예요. 여러분은 어떤 미디어를 가장 많이 사용하는지 잘 생각해 보세요. 매클루언에 따르면 우리의 삶은 미디어 없이는 불가능할 정도로 미디어에 둘러싸여 살고 있다고 했어요. 그런 관점에서 보니 모든 것이 다 미디어로 보입니다.

63p

매클루언은 '미디어는 몸의 확장이다.'라고 주장합니다. 우리 몸의 눈, 귀, 근육, 신경조직 등을 응용해서 그 기능을 확장한 것이 미디어 도구라는 말이죠. 갈릴레오가 별을 관측했던 망원경도 눈의 기능을 확대한 것이라 할 수 있어요. 망원경이 없었다면 별의 크기를 정확히 알 수 있는 방법이 없었을 거예요. 그렇다면 현미경도 눈의 기능을 확대한 것이라고 할 수 있어요. 눈으로 볼 수 없는 작은 세계도 현미경을 들이대면 큰 우주로 바뀝니다.

이 모든 것이 인간의 감각을 확장해서 만들어 낸 거지요. 미디어로 인해 인간의 감각은 확장되는 방향으로 나아갔어요. 통신 수단의 변화를 보면 유선 전화에서 무선 전화, 스마트폰으로 발전했지요. 과거에는 귀만 사용하면 되었지만 오늘날엔 화상 통화까지 가능해지면 인간의 오감을 활용하는 방식으로 진화하고 있어요. 우리가 상상할 수 있는 미디어는 무궁무진해요. 앞으로는 스마트폰보다 더 새로운 화상통화 기기가 발명되지 않을까요? AI가 고도로 발달하면 AI 기자나 AI 정보 전문가도 나오리라고 봅니다. AI 기자나 AI 전문가한테 보다 더 정확한 정보를 얻을 수 있는 시대가 머지않았어요. 우리는 기술 문명의 발달과 함께 앞으로 더 많은 미디어들을 발명할 수 있을 거예요.

매클루언은 '미디어는 메시지다.'라고 주장합니다 전달하고자 하는 내용보다 그 전달 방법인 매체의 중요성을 강조하고 있어요. 많은 사람들이 형식과 내용을 구분한 후 내용이 더 중요하다고 보지만 매클루언은 형식 자체가 결정적이라고 보는 것입니다.

친구에게 하고 싶은 말을 직접 말로 하는 경우와 편지로 전달하는 경우, 전화로 하는 경우, 메일이나 휴대전화 메시지로 하는 경우 등 전달하는 도구에 따라 읽는 사람은 다른 느낌을 받게 됩니다.

미디어가 형식이고 메시지는 내용을 말한다면, 형식 없이 내용도 존재할 수 없다는 의미에서 미디어는 메시지입니다. 동일한 내용이라도 편지라는 매체 형식을 빌리느냐, 아니면 전화라는 매체 형식을 빌리느냐에 따라 의사소통의 체계가 달라집니다. 즉 귀로 듣던 것을 눈으로 보게 되고, 모니터와 휴대전화로 보게 되면 차이가 있을 수밖에 없다는 것이죠.

매클루언은 미디어의 내용이 그것을 전달하는 미디어의 기술과 분리해서 생각할 수 없다고 보고, 모든 미디어들이 그 자체로서 인식의 방식에 영향을 준다고 주장했어요.

 115p

책을 읽을 경우 스스로 자료를 받아들여 저장하고 기억하지만 텔레비전은 이미지와 소리만으로 전달하기에 사고 능력을 떨어뜨릴 수 있다는 점에 유의할 필요가 있어요. 그러나 책을 읽는 것보다 텔레비전이 더 재미있는 이유는 무엇일까요?

매클루언은 전자 시대의 매체로서 텔레비전의 장점을 촉각성에서 찾아요. 촉각성은 피부로 느끼는 감각을 말해요. 책을 보면 눈에만 감각이 집중되면서 다른 감각들이 퇴화하게 되는데, 텔레비전은 적절한 비율로 구성된 감각들을 효율적으로 상호 작용하게 하여 오감의 감각 균형을 회복시키는 전자 미디어라는 것입니다.

전자오락이 손과 발을 움직여 재미를 더하는 쪽으로 발전하는 것을 보면 매클루언의 주장이 맞는 것 같습니다. 새로운 미디어가 나올 때마다 인간 감각의 배분 비율이 바뀌게 되는데, 이제 눈으로 책을 보던 시대에서 몸으로 느끼는 텔레비전의 시대, 컴퓨터의 시대로 넘어갔으니까요.

138p

매클루언은 미디어를 크게 핫 미디어와 쿨 미디어로 구분했어요. 그 기준은 정보의 밀도와 그것에 따른 이용자의 태도 차이입니다.

뜨거운 매체의 특징인 고밀도라는 것은 내용이 꽉 차 있다는 뜻으로 그만큼 이용자는 수동적이 됩니다. 반대로 차가운 매체는 고밀도가 아니라서 그 부족함을 이용자가 채워야 하므로 적극적이 됩니다.

사진은 고해상도의 화질로 보기만 해도 감동을 일으킵니다. 그러나 만화는 내용을 보면서 상상력으로 메워야 하는 측면이 있어요. 라디오와 영화처럼 뜨거운 미디어는 한 가지 감각에만 의존하고 집중케 하여 청취자나 관객의 참여도를 떨어뜨린다면, 텔레비전이나 전화처럼 차가운 미디어는 여러 감각을 활용케 하여 상대방으로 하여금 참여도를 높여 줍니다.

　매클루언은 '뜨거운'과 '차가운'의 개념을 문명을 분석하는 기준으로도 삼았어요. 예를 들어 후진국은 차갑고 선진국은 뜨거우며, 시골 사람들은 차갑고 도시 멋쟁이는 뜨겁다는 식이에요. 또 고대의 구어 문화는 차갑고, 역사 시대의 문자 문화는 뜨겁다고 했어요. 이런 관점으로 보면, 인류의 고도 문명은 뜨거운 미디어가 지배하는 뜨거운 문화로 진행되어 왔으며, 그에 따라 수용자의 참여 기회가 적어졌다고 볼 수 있어요.

매클루언이 들려주는 미디어 이야기
세상을 바꾸는 미디어의 힘!

ⓒ 강용수, 2007

초   판 1쇄 발행일 2007년 10월 15일
개정판 4쇄 발행일 2022년 7월 29일

지은이   강용수
그림   김정진
펴낸이   정은영

펴낸곳   (주)자음과모음
출판등록 2001년 11월 28일 제2001-000259호
주소   10881 경기도 파주시 회동길 325-20
전화   편집부 (02)324-2347 경영지원부 (02)325-6047
팩스   편집부 (02)324-2348 경영지원부 (02)2648-1311
e-mail   jamoteen@jamobook.com

ISBN 978-89-544-4264-0 (73810)

잘못된 책은 구입처에서 교환해드립니다.
저자와의 협의하에 인지는 붙이지 않습니다.

이 책은 『맥루한이 들려주는 미디어 이야기』(2007)의 개정증보판입니다.